AF370477

Félix Lope de Vega y Carpio

La discordia en los casados

Barcelona **2024**
Linkgua-ediciones.com

Créditos

Título original: La discordia en los casados.

© 2024, Red ediciones S.L.

e-mail: info@linkgua.com

Diseño de cubierta: Michel Mallard.

ISBN tapa dura: 978-84-1126-252-1.
ISBN rústica: 978-84-9816-189-2.
ISBN ebook: 978-84-9897-720-2.

Sumario

Brevísima presentación

La vida

Félix Lope de Vega y Carpio (Madrid, 1562-Madrid, 1635). España.

Nació en una familia modesta, estudió con los jesuitas y no terminó la universidad en Alcalá de Henares, parece que por asuntos amorosos. Tras su ruptura con Elena Osorio (Filis en sus poemas), su gran amor de juventud, Lope escribió libelos contra la familia de ésta. Por ello fue procesado y desterrado en 1588, año en que se casó con Isabel de Urbina (Belisa).

Pasó los dos primeros años en Valencia, y luego en Alba de Tormes, al servicio del duque de Alba. En 1594, tras fallecer su esposa y su hija, fue perdonado y volvió a Madrid.

Entonces era uno de los autores más populares y aclamados de la Corte. La desgracia marcó sus últimos años: Marta de Nevares una de sus últimas amantes quedó ciega en 1625, perdió la razón y murió en 1632. También murió su hijo Lope Félix. La soledad, el sufrimiento, la enfermedad, o los problemas económicos no le impidieron escribir.

Personajes

Alberto
Leonido
Otón
Pinabelo
Aurelio
Roselo (Rosabelo)
Enrico
El rey de Frisia, Albano
Rosaberto, su hijo
Elena, duquesa
Otavia, dama
Celia, villana
Aurora, villana
Perol, villano
Siralbo, villano
Clenardo
Panfilo
Músicos
Fabio
Soldados

Jornada primera

(Salen Alberto y Leonido.)

Alberto   Casaráse la Duquesa,
             Leonido, como es razón,
             que pese o no pese a Otón.

Leonido   Todos dicen que le pesa,
                y está a impedirlo dispuesto.

Alberto   ¿De qué le puede pesar
             a un hombre particular
             desinteresado en esto?

Leonido   El se debe de entender.

Alberto   Pues entenderáse mal;
             porque si ha de ser su igual,
             el rey de Frisia ha de ser.
                Esto conviene a su Estado
             y a nosotros un señor
             de real sangre y valor,
             y tan gallardo soldado,
                que no ha de salir Otón
             con desatinos tan grandes,
             si Alemania, Francia y Flandes
             ayudan su pretensión.

Leonido   No pienso yo que camina
             por darla a otro rey, pues creo
             que a diferente deseo
             los pensamientos inclina.
                Y es tan feo y desigual,

que a decirle no me atrevo.

Alberto   La ambición, Leonido, es cebo
               dulce, engañoso y mortal.
                  ¿Qué quiere en Cleves Otón?

Leonido   Ser duque.

Alberto   Ni aun lo imagines.

Leonido   Pues, ¿a qué blancos o fines
               mirará su pretensión,
                  si tiene un hijo mancebo,
               de la Duquesa galán?

Alberto   Si ellos de concierto están,
               yo cumpliré lo que debo
                  al duque muerto y a mí
               con aventurar la vida.

(Salen la Duquesa Elena y Otavia, dama.)

Elena   De vuestro engaño advertida
               al desengaño salí.
                  ¿Qué modo de hablar es ése,
               Leonido, en mis propios ojos?

Leonido   Tu daño y nuestros enojos,
               de que es razón que nos pese.
                  ¿Al rey de Frisia es razón
               que se anteponga un vasallo
               y que después de llamallo
               su venida impida Otón?
                  ¿Qué respuesta se ha de dar

a un rey soldado y mancebo?

Elena

Para mí, Leonido, es nuevo
que Otón me quiera casar.
   Y si más lejos lo mira
como en Francia, juzga mal.

Leonido

Sujeto más desigual
murmuran; pero es mentira
   y odio que tienen a Otón
de verle tan poderoso,
que él es hombre generoso
y envidias civiles son.
   Tú eres prudente y altiva;
tu padre es muerto; esta tierra
teme ocasiones de guerra,
que en dueño vasallo estriba.
   Admite al rey, y harás cosa
digna de tu nombre claro;
que debajo de su amparo
quedas segura y dichosa.
   Vuelve los ojos a ver
cuántos daños al honor
nacieron de un loco amor
y un gobierno de mujer.
   Yo he dicho más que pensaba:
a mi lealtad lo perdona.
La condición, la persona
del rey todo el mundo alaba.
   Él está cerca: yo voy,
señora, a besar su mano.

(Vase.)

Alberto   Ya parece intento vano,
                            si en el mismo engaño estoy,
                              despedir, duquesa, un rey.
                            Tus grandes, con justo acuerdo
                            de un voto prudente y cuerdo,
                            siguiendo la antigua ley,
                              guardada por la memoria
                            de tiempo inmortal en Cleves,
                            a quien dar crédito debes
                            para conservar la gloria
                              de tus heroicos pasados,
                            un rey te dan por marido.
                            Si algún vasallo atrevido
                            quiere alterar tus estados
                              con desigual ambición,
                            no me tendrás de tu parte
                            mientras Amor no te aparte
                            de los consejos de Otón.
                              Al rey de Frisia te han dado
                            por marido; ése obedezco
                            por señor, y así le ofrezco
                            mi espada, deudos y Estado.
                              Esto es seguir lo que es justo.
                            Yo voy a besar su mano.

(Vase.)

Elena   ¿Qué es esto?

Otavia   Que algún villano
                            quiere intentar tu disgusto,
                              pensando en esta ocasión
                            descomponer tu quietud.

Elena

Creo lo de la virtud
y de la lealtad de Otón;
    mas cuanto mi casamiento
se va dilatando, Otavia,
tanto el vulgo necio agravia
su honor y mi pensamiento.
    Muriendo el duque me dijo
que por padre me dejaba
a Otón.

Otavia

                    ¡Bien seguro estaba
de la ambición de su hijo!
    Pero suspende, señora,
la plática.

Elena

                    ¿Viene?

(Salen Otón y Pinabelo, su hijo. Los dos hablan aparte.)

Otavia

                            Sí.

Otón

Otavia sola está aquí.

Pinabelo

Bien puedes hablarla agora.

Otón

    Las nuevas te vengo a dar
de que el rey viene y se acerca.

Elena

¿Qué dicen de verle cerca?

Otón

Que tú le has hecho llamar.

Elena

    No te pregunto si yo
le he llamado, pues si él viene

alguna licencia tiene,
y quien pudo se la dio.
    Lo que se dice pregunto
de venir el rey aquí.

Otón   Que viene a casarse.

Elena   ¿Ansí?

Otón   Y yo lo sé en este punto,
    de que formo justo agravio,
pues sin Otón no es razón
que te hayas casado.

Elena   Otón,
tú eres hombre viejo y sabio:
    ya conoces las mujeres.
Con serlo, es opinión mía
que la más cuerda en un día
tiene diez mil pareceres.
    A mí, con esta disculpa
no tienes de qué culparme.

Otón   Debo, Señora, quejarme,
si ya el quejarme no es culpa,
    del agravio que me has hecho.

Elena   No estoy yo casada, Otón,
sino puesta en la ocasión.

Otón   Agora me has satisfecho.
    No diré yo que has negado.

Elena   ¿Qué sacas de esta razón?

Otón

Que mujer y en la ocasión,
haz cuenta que te has casado.
   ¡Y cuán mejor te estuviera
casarte en tu tierra!

Elena

                ¿Aquí?
Pues, ¿quién se igualara a mí
ni a decirlo se atreviera?

Otón

          ¿Quién? Yo, que tu sangre soy.

Elena

Es de muy lejos.

Otón

                No es,
y más si el espejo ves
en que imitándome estoy.
   ¿No pudiera Pinabelo,
mi hijo, ser tu marido?
¿No es, como el rey, bien nacido
y en quien deposita el cielo
   las virtudes que se ven?
¿No era mejor que un extraño
que, por interés y engaño,
te escribe y te quiere bien?
   ¿No era mejor que tuvieras
un esclavo, y no marido?

Elena

Calla, Otón, que vas perdido;
ni pienso que hablas de veras.
   El dueño que he de tener
no ha de ser menos que yo,
que nunca se sujetó
a su inferior la mujer.

No quiero esclavo rendido,
como a tu hijo has pintado,
sino a quien pueda mi estado
llamar señor; yo, marido.
	Si bien se ha de gobernar
la mujer ha de tener,
no quien sepa obedecer,
sino quien sepa mandar.
	Si con dueños de valor
somos terribles, quien tiene
dueño que a mandarle viene
¿cómo guardará su honor?
	La cabeza es el marido;
subir a lugar tan alto
los pies era dar un salto
muy loco y desvanecido.
	Mi cabeza más grandeza
requiere, y pies no me des,
porque nunca de los pies
se hizo buena cabeza.

(Vanse Elena y Otavia.)

Otón				¿Qué te parece?

Pinabelo				Que ha sido
justo que así te haya hablado,
que este desprecio ha causado
la sombra de su marido.
	En virtud de que ya viene
porque tú te descuidaste
a la humildad que mostraste
este atrevimiento tiene.
	¿Acuerdas cuando casada

con el rey de Frisia está
y que por la posta ya
anticipa su embajada,
  y te admiras que se atreva
al respeto de tus canas?

Otón

De mis esperanzas vanas
no quise intentar la prueba.
  Tarde hablé ya; mejor fuera,
Pinabelo, haber callado.
Un pecho determinado
¿qué respetos considera?
  Envidias nuestras han sido
las que han tratado en sujeto
que tenga tan breve efeto
el dar a Elena marido.
  Pero venga en tan mal punto
como yo se lo deseo,
que de mi venganza creo
que todo le viene junto.
  O me ha de costar la vida
o no han de vivir en paz.

Pinabelo

No hay cosa más pertinaz
que una esperanza perdida.
  ¿De qué sirve que sustentes
lo que no puede durar?

Otón

Los dos se podrán casar...

Pinabelo

Pues, ¿qué te queda que intentes?

Otón

  Eso déjamelo a mí,
que si un año se gozaren,

ni a la sucesión llegaren
que pensé tener de ti,
  yo quedaré sin honor
y sin vida quedaré.

(Vase.)

Pinabelo   Y yo, entre tanto, ¿qué haré,
lleno de envidia y de amor?
  Que aunque mi padre prometa
la venganza que procura,
¿qué importa a mi desventura
si la duquesa le aceta?
  Que llegue la ejecución
es lo que debo sentir,
que no he menester vivir
si toma el rey posesión.
  El estorbar que se casen
es lo que me causa pena;
que, una vez robada Elena,
mas que mil Troyas se abrasen.

(Salen el rey de Frisia y Aurelio, Roselo y Enrico, caballeros galanes, de plumas
y bandas, botas y espuelas.)

Rey   ¡Bravas postas!

Aurelio   No has corrido
mejores caballos.

Rey   Creo
que he venido en mi deseo,
con tanta furia he venido.
  Aquí es forzoso parar,

aunque mi deseo no,
porque adelante pasó
luego que me vio llegar.

Roselo   No porque faltan caballos
paramos en esta aldea,
mas porque más dulce sea
tu presencia a tus vasallos.
   Que es bien que sepan que vienes,
porque el esperar el bien
suele aumentarle también.

Rey   Ni amor ni cuidado tienes,
   ¡pesi a tal!, Roselo amigo:
¿qué rienda, aunque sea de honor,
cuando va corriendo Amor
tendrá su furia?

Roselo   No digo
   que dilates la jornada;
pero que sepan que llegas.
No digan, señor, que ruegas.

Rey   Amor no repara en nada.
   A Elena vi, disfrazado,
con aquel luto que hacía
sombra al más hermoso día,
eclipse al Sol más dorado.
   Si la muerte da tal fruto
entonces tuve por cierto
que fuera bien ser el muerto
por ser causa de aquel luto.
   Aunque luego me resiste
de perderla con morir,

el ver que es mejor vivir
por gozar de quien le viste.
   ¿No has visto el Sol, que la cara
por algún nublado asoma,
que lo negro el torno toma
claridad de su luz clara?
   ¿No has visto una imagen bella
que el ébano en la moldura
hace mayor su blancura
y que resplandece en ella?
   ¿No has visto un diamante fino
que en el oro brilla y salta
cuando de negro se esmalta
con su resplandor divino?
   ¿No has visto Luna menguante
salir tarde a esclarecer
la noche, o irse a poner,
Venus hermosa, al Levante?
   ¿No has visto perla oriental
en negro abalorio puesta
o en lazos de saya honesta
puntas de blanco cristal?
   Pues tal la duquesa hermosa
con el luto parecía:
imagen, diamante, día,
Sol, Luna y perla preciosa.

Enrico	¿Verla una vez, gran señor, de seso te tiene ajeno?
Rey	Sí, porque es la del veneno la condición del amor. Hay venenos dilatados que dan un mes de sosiego,

y otros hay que matan luego
sin poder ser reparados.
     Amor suele dar un mes
y un año de dilación
y, a veces, alma y razón
pone en un punto a los pies.
     Yo estoy tal, que no encarezco
lo que siento, porque sé
que sin morir no podré.

(Salen Perol, Celia, Aurora, Siralbo, y otros villanos y villanas y músicos que
traen un baile al Rey.)

Perol   Digo que a hablarle me ofrezco,
                            aunque fuera el rey Herodes,
                         cuantísimas que él nos avisa
                         que es rey de bayeta o frisa.

Celia   ¡Pardiez!, como tú le apodes
                            con tu donaire, Perol,
                         que esto bien sabes hacello,
                         que no es mucho que por ello
                         te mande poner al Sol.

Perol   ¿Traéis estudiada bien
                         la danza?

Aurora   Si, por ventura,
                         no nos turba la luz pura
                         que en el rey los ojos ven.
                            Son los reyes y el valor
                         de sus partes siempre hermosas
                         imágenes milagrosas
                         que a solas causan temor.

Siralbo   Bien dice Aurora, y yo digo
                 que quien al rey ha de hablar
                 primero lo ha de estudiar,
                 so pena de su castigo.

Perol   La misma razón os ciega,
                 y de que se huelga hay fama
                 cualquier rey y cualquier dama
                 que se turbe el que los ruega.
                     Los dichos de vuestra danza
                 es lo que habéis de historiar.

Celia   ¿Mas que te manda azotar
                 en el revés de la panza?

Perol   Mande o no mande, yo voy.

Rey   ¿Quién son éstos?

Aurora   Los villanos
                 de esta aldea.

Rey   Cortesanos
                 son para mí desde hoy.
                     Basta ser de la duquesa.

Roselo   Una danza te han traído.

Rey   Alegres me han recibido.

Roselo   Es agüero.

Rey   No me pesa.

Perol   Sabiendo mueso lugar
que es mueso rey su mercé
entró en concejo, a la fe
para alegrarle al pasar.
          Después de una buena bota
hubo deferentes votos,
y aun algunos alborotos,
que el vino presto alborota,
          sobre qué fiesta se haría.
Que le jugasen la chueca
los mozos, Sancho Babieca,
emberriñado, decía.
          Una soíza de moros,
dijo el cura, y Juan Redondo
le replicó muy orondo
que le corriésemos toros.
          Blas de Pocasangre dijo
que danza de espadas fuese
y que el lugar la vistiese,
porque es danante su hijo.
          Porfió Sancho de Cos
que a su mercé presentasen
el mayor puerco que hallasen,
que hay hartos, gracias a Dios.
          «Baile ha de ser —dijo Bras—,
aunque tien barbas tan pocas,
todo de viejas sin tocas,
que es baile de Satanás.»
          Pero Juan Gil replicaba,
y aun apostaba su buey,
que se espantaría el rey
si sin tocas las miraba.
          Mas dijo Antón de las Viñas

que saliesen afeitadas,
que sin tocas y enrubiadas
pensaría que eran niñas.
    Sobre esto hubo tanta voz,
que quedó determinado
enviarle un ganso asado
en una artesa de arroz.
    Mas, enojándose el Cura,
una danza se estudió
de estos zagales, que yo
presento a su catadura.
    Oiga los dichos, que son
de un hombre asaz sabio y cuerdo,
Y si no diere atención
lanzada de moro izquierdo
le rebane el corazón.

Rey   Vos habéis muy bien propuesto
             la fiesta de este lugar.

Perol   ¿Comenzarán a danzar?

Rey   Sí.

Perol   Pues, tocad, Pero Cesto.

(Los músicos canten así, y dos villanas o tres bailan con otros tantos villanos.)

Músicos   «Salen los albores
             del sole del día;
             huyen las estrellas;
             la noche se iba;
             esmalta las flores
             blanca argentería;

lágrimas del alba
como prata fina.
Júntanse las aves
en las fuentes fridas;
canciones que cantan
el rey las oía.

(Baile.)   Si te casas, zagala del prado,
con los ojos del alma le mira,
porque a veces las buenas caras
encubren la alevosía.»

(Párense, y represente así Celia.)

Celia   Oíd los que estáis presentes:
la Paz soy del casamiento.
Al rey, que viene a casarse,
parabién a darle vengo.
Goce mi paz muchos años,
como lo espero del cielo,
con próspera sucesión
que dure siglos eternos.

(Bailen.)

Músicos   «Bendiciones le daban al novio
las zagalas de su pueblo;
él será, si le alcanzan todas,
el más dichoso del suelo.»

(Diga así un Pastor.)

Pastor   Advierte, Paz, que yo soy
la Envidia del casamiento,
porque de su posesión

y mi desdicha la tengo.
Lo que gana me fatiga,
desháceme lo que pierdo,
porque es mi definición
pesarme del bien ajeno.

Siralbo

Contigo voy, que yo soy
del casamiento los Celos.

Celia

Pues ¿tú vienes a estas bodas?

Siralbo

Sí, Paz, a estorbarte vengo.

Aurora

Pues, quedo, que también soy
la Discordia, y hacer pienso
más daño que todos juntos.

Celia

Salido habéis del infierno,
rompido habéis las prisiones,
Envidia, Discordia y Celos;
pero entre tales casados
sacaréis poco provecho.

Pastor

Yo haré que pueda mi envidia
turbar la paz de su reino.

Aurora

Y yo haré con mi discordia
su amor aborrecimiento.

Siralbo

Y mis celos, ¿dormirán?
no sabe el mundo mi fuego,
si no soy de los casados,
de su Troya son incendio.

Celia

No alcanzaréis a esta Elena,
pues con mi paz la defiendo,
que yo, con estos listones,
pondré en prisión vuestros cuellos,
y así, atados con sus lazos,
haré que este casamiento,
aunque os pese por los ojos,
dure en su paz y sosiego.

(Con tres listones de color los enlace, y baile así con ellos.)

Músicos

«Quien sujeta con su cordura
la Discordia, la Envidia y los Celos,
gozará por largos años
su dichoso casamiento.»

Rey

No pensé que labradores
sabían cosas morales.

Perol

Hay acá muchos zagales
que tratan cosas mayores.

Rey

¿Quién esta danza compuso?
que le quiero yo premiar.

Perol

Vive fuera del lugar
por no vivir con el uso.
Es hombre que por no ver
un hablador asentado;
en el hacer licenciado
y en el decir bachiller,
vive dos leguas de aquí,
y solo viene a comprar
mordazas para callar,

que diz que le cumple así.

Rey   Pues, ¿no sabremos su nombre?

Perol   Ya el nombre se le perdió.

Rey   Llamalde, que quiero yo
conocer y hablar ese hombre.

Perol   No querrá venir, señor,
que más quiere, por callar,
andar fuera del lugar
que dentro por hablador.

Roselo   Los caballos han llegado.

Rey   Llevadme esta fiesta allá.

Perol   Zagales, el rey se va.

Celia   ¿Qué os dio?

Perol   Esperanza me ha dado,
y diz que a la corte vamos,
con la danza del aldea
porque la reina la vea.

Celia   Pardiez, que erremos no hagamos.

Perol   Porque no han de danzar otros
y danzas menos discretas.

Celia   Hay allá muchos poetas
y se reirán de nosotros.

Aurora   Mira que tu ingenio ofendes.

Perol   Antes no quiero creer
que haya quien pueda temer
gozques, poetas y duendes.

Celia   Causas me animan secretas.

Aurora   Yo lo tengo por muy llano.

Perol   Más temo yo un cortesano
que setecientos poetas.

(Vanse todos, y salgan Otón y Pinabelo.)

Otón   A mí no me parece tan seguro,
por ser fuerte remedio, Pinabelo.

Pinabelo   Los que han de ser para tan graves males,
¿cómo podrán curarlos sin ser fuertes?
Duélete de la sangre que engendraste,
porque si goza el rey a la duquesa,
no tienes hijo que amanezca vivo.

Otón   Yo quiero hacer tu gusto.

Pinabelo   Y yo procuro
remedio a nuestra vida el más seguro.

Otón   Cuéntame, pues, el modo de esta muerte.

Pinabelo   Yo lo tengo trazado de esta suerte.
Fabricaré en la plaza de palacio

un arco insigne que en madera y lienzo
imita la pintura al bronce y mármol,
engañando la vista desde lejos.
Levántanse en cuadrados pedestales
seis columnas hermosas, de a cincuenta
pies desde el zoco de la basa a lo alto
de la cornisa, atando el arquitrabe,
triso y triglifo el orden, que se arrima
a los extremos de las dos paredes
por donde se entra en la famosa plaza.
Encima de los claros de los arcos,
en unos vanos forma de ventanas,
se ven varios retratos de los duques
que gobernaron la dichosa Cleves.
Tras el orden que digo se levanta
otro con no menor gracia y belleza
adonde se relievan seis pilastras
con sus ventanas a nivel, que tienen
los reyes felicísimos de Frisia,
todos con sus laureles y epigramas.
En medio está la singular Elena,
de quien el alma de tu hijo es Troya,
y a su lado ¡ay de mí!, como su esposo,
el rey Albano con doradas armas,
y entre los pies, por bélicos despojos,
cabezas turcas y pendones varios
de lisonjeros más que de contrarios.
Aquí Leonido tiene tres mil hombres
que, cubiertos de plumas y de galas,
han de hacer salva al rey al tiempo que entre
los arcabuces juntos disparando,
en que el remedio de mi vida estriba,
para que muera entonces y yo viva.

Otón Pues ¿cómo piensas tan seguramente
quitar la vida a Albano?

Pinabelo   Si en la salva,
entre el humo confuso de la pólvora,
vuela una bala que le apunta al pecho,
¿quién podrá conocer al que lo ha hecho?

Otón Bien dices; no será la vez primera
que se hayan muerto ilustres capitanes
que la Fortuna perdono en la guerra
y en la paz de la salva hallo la envidia
lugar para rendir su gloria al suelo.

Pinabelo En esto vengo yo determinado

Otón Advierte que te pongas donde seas
visto de todos.

Pinabelo   Éstas son las cajas
con que Leonido sale a recibirle.

Otón ¿Y de quién te has fiado?

Pinabelo   De un criado
que entre ellos viene en forma de soldado.

(Salen con cajas y banderas, soldados con arcabuces y Leonido, capitán, detrás.)

Leonido   Vayan, señores soldados,
con aqueste advertimiento
prevenidos y enseñados.

Soldado   A solo un recibimiento
nos hacen venir cargados.

Otro   Lleve el diablo la bandera
y quien seguirla quisiera.

Soldado   Propia guerra de mujer.

Otro   Si casarse lo ha de ser,
no poca batalla espera.

Soldado   Arcabuces ha querido.

Otro   Téngolo por mal agüero
para el señor su marido.

Soldado   Si es ruido lo primero,
no le faltará ruido.

Pinabelo   Escucha, Fabio.

Fabio   Aquí estoy
con el cuidado que sabes.

Leonido   Marchen con buen orden hoy,
lindos cuerpos, pasos graves.

Soldado   Sed llevo.

Otro   Muriendo voy.

Soldado   Yo llevo aquí de lo fino
con un güeso de tocino.

Otro

    Esos portafrascos haz,
que los frascos de la paz
han de ser frascos de vino.

(Vanse marchando con las cajas, y quede allí Fabio con Pinabelo y Otón.)

Fabio

    Córrome de que me avises,
habiéndome el cielo hecho
con más astucias que a Ulises.
Yo haré blanco de su pecho
entre las doradas lises.
    La bala echaré secreta
a este rayo, que la meta
por el alma que le mandes.
Será cometa, que grandes
nunca mueren sin cometa.

Pinabelo

    Ten cuenta, Fabio, que estés
donde ninguno te vea;
que al arcabuz plomo des;
la bala esconde, no sea
nuestra desdicha después.

Fabio

    Al echarla, es cosa clara,
que no han de ver lo que tomo;
del arcabuz no fiara
si, cuando le echara el plomo,
la boca no le tapara,
    y aunque después ha de hablar,
no será voz que se entienda.

Pinabelo

Advierte que has de apuntar
de suerte que a nadie ofenda.

Fabio

Déjame, señor, marchar,
 y está seguro de mí.

Pinabelo

¡Oh padre, si la duquesa
queda del rey libre ansí!

Otón

Segura llevas la empresa.

Pinabelo

¡Mueran mis celos aquí!
 Ni sea mía ni ajena.

Otón

Bien puedes por él decir
que esta salva le condena.

Pinabelo

De amores quiero morir
y no de celos de Elena.

(Suenen atabales y música. Salen Leonido, Alberto, Aurelio, Enrico, Roselo y todos los que puedan acompañar, y detrás el rey de Frisia y la duquesa Elena, muy gallardos.)

Rey

 Estoy muy agradecido
a la fiesta y alegría
que Cleves muestra en el día
que a tanta dicha he venido,
 porque en los recibimientos
suelen mostrarse las almas.

Elena

Cortos laureles y palmas
a tantos merecimientos.
 Con el arco de Trajano
os quisiera recibir.

Rey

Su laurel puede rendir

la palma de vuestra mano;
    y si aquésta recibí,
aunque no la he merecido,
el arco es de amor, que ha sido
por donde entré cuando os vi.
    No quiero yo más despojos
que darle envidiosas quejas,
ni más arcos que las cejas
de vuestros hermosos ojos.
    Eran los arcos triunfales,
señora, para premiar
los que por tierra o por mar
vencían empresas tales.
    Y así mayor le he tenido
que le puedo merecer,
pues no vengo de vencer
si vengo de vos vencido.

(Descúbrase la cortina y véase una portada y encima los retratos del Rey y
de la duquesa Elena.)

    ¡Oh, hermosa arquitectura!
Pero a tal extremo viene
si el último cuerpo tiene
de vuestra rara hermosura.
    Este arco no es del suelo;
no a reyes, al Sol reciba,
que, con el ángel de arriba,
puede ser arco del cielo.
    Pasaban, siendo vencidos,
por un yugo los romanos
sus contrarios, si a las manos
los entregaban rendidos.
    Yo, rendido a la victoria

vuestra, pasaré dichoso
por un yugo tan hermoso,
que da a los vencidos gloria,
    y aprobara mi verdad
vuestro mismo pensamiento,
pues yugo de casamiento
sujeta la voluntad.

Elena   Cuanto más mostráis rendido
ese pecho generoso,
tanto entráis más victorioso
y de más laurel ceñido.
    Entrad el arco, que ya
os dice aquella inscripción
que tomáis la posesión
de quien hasta el alma os da.

Rey   ¿Qué gente es ésta?

Elena   Alemanes
que se rinden a esos pies.

Rey   ¿Y estas voces?

Elena   Salva es
que os hacen los capitanes.

(Disparen dentro algunos arcabuces a un tiempo y alborótese el Rey.)

Rey   ¡Traición hay en vuestra casa!

Elena   ¿Traición?

Rey   O celos de vos.

Bala es ésta ¡vive Dios!
que por el rostro me pasa.

Otón   ¿Bala aquí? Ni aun lo presumas.

Elena   Bisoños arcabuceros.

Rey   ¿Cómo que no, caballeros,
si me ha cortado las plumas?

Aurora   Bien dice su alteza, y digo
que en su retrato paró.

Pinabelo   Si bala alguno tiró,
Descuido fue, no enemigo.

Roselo   Descuido o no, desde aquí
se ve bien la batería.

Elena   Descuido, señor, sería.

Rey   Digo que lo creo ansí;
   pero con descuidos tales
no se burlen los traidores,
que permite el cielo errores
para castigos iguales.
   Yo he venido en confianza
de vuestra virtud, Duquesa.

Elena   Que de mi tengáis, me pesa,
Albano, desconfianza.
   Si yo mataros quisiera,
¿para qué con este engaño?

Otón   Algún bisoño o extraño,
                 mezclado en alguna hilera,
                    al retrato tiraría
                 y por las plumas pasó
                 la bala con que pensó
                 hacer una bizarría.
                    No hay, señor, de qué temáis;
                 no os llaman para mataros,
                 sino solo para daros
                 la posesión que gozáis,
                    y por muchos años sea.
                 ¡Viva el rey!

Todos   ¡Mil años viva!

Elena   No hay hombre que no reciba
                 contento, su alteza crea.

Rey   Llevar tal ángel al lado
                 de la bala me guardó.

Elena   Y si el que está arriba no,
                 fue porque estaba pintado.

Rey   Yo pienso que envidias son.

Elena   Y yo, que no os matarán,
                 que vais donde no podrán.

Rey   ¿Adónde?

Elena   En mi corazón.

Rey   A vuestra defensa apelo

de este engaño y de esta ofensa,
porque con esa defensa
diré que me guarda el cielo.

(Vanse todos, y queden Otón y Pinabelo.)

Otón   Erró el tiro.

Pinabelo   Erró mi dicha,
que mis dichas nunca aciertan,
porque siempre se conciertan
mi esperanza y mi desdicha.
    Y no menos dicha alcanza,
ni a mejor fortuna viene,
quien tan concertadas tiene
la desdicha y la esperanza.
    Entra, acompaña los reyes,
no te echen menos, señor.

Otón   Son las del paterno amor
fuertes, aunque injustas, leyes.
    Él a tu gusto me guía,
mejor dijera me fuerza;
mas cuanto tu amor me esfuerza,
mi suerte me desconfía.
    Ten paciencia que de Elena
goce Menelao agora,
aunque el alma que la adora
viva en tan celosa pena,
    que serás Paris troyano
o me costará la vida.

(Vase Otón.)

Pinabelo
¡Ay, esperanza perdida!
¿Qué seguís al viento en vano
si queda en la posesión
de mi bien Albano agora
y ella dice que le adora?
¿Qué os esforzáis, corazón?
¡Desmayad y no esperéis,
que no hay cosa de más daño
que sustentar un engaño
como el que vos pretendéis!
Los que están de engaños llenos
viven más atormentados,
porque los desengañados
son los que padecen menos.

(Sale Fabio, soldado.)

Fabio
Luego que pude salir
del escuadrón vine a verte.

Pinabelo
Errando hallaste mi muerte.
Nunca yo acierto a vivir.

Fabio
Pues, ¿puédesme tú culpar
si las plumas le pasé?
Que su movimiento fue
el que le pudo guardar.

Pinabelo
¿Cómo en el retrato has dado?
Si no fue desdicha mía.

Fabio
Porque de un tiro quería
matar lo vivo y pintado.

Pinabelo   Como mi esperanza es pluma
                  que anda, Fabio, por el viento,
                  y porque mi pensamiento
                  volar más bajo presuma,
                     cortaste pluma y no vida,
                  y así mi esperanza queda
                  sin alas, porque no pueda
                  subir más del viento asida.
                     No es codicia de reinar,
                  como mi padre ha pensado,
                  sino amor desatinado,
                  el que me puede obligar.
                     Casado el rey con Elena,
                  hizo fin mi pretensión.

Fabio   Que no faltará ocasión,
                  y por ventura más buena.
                     Ten ánimo, que es bajeza
                  el rendirse a la Fortuna.

Pinabelo   Si hubiere ocasión alguna,
                  de tu valor y nobleza
                     y de tu lealtad, ioh, Fabio!
                  haré justa confianza.

Fabio   Pues no pierdas la esperanza
                  de satisfacer tu agravio.

Pinabelo   ¿Cómo la puedo tener
                  en mi pena tan extraña,
                  si en mujeres siempre engaña
                  y es la esperanza mujer?

(Vanse todos y entren el Rey, Alberto, Rosela, Leonido y Otón, caballeros, y
la reina Elena.)

Elena   Justo es que vos hagáis,
             pues ya son vuestros vasallos,
             mercedes de lo que es vuestro.

Rey   Todos son vuestros criados
             los que yo traigo conmigo,
             y así vos podéis honrarlos
             con el premio que merecen,
             por lo que saben amaros..

Elena   Solo yo puedo, señor,
             daros mi pecho y mi estado.
             Dueño os hago de mi pecho
             y de Cleves dueño os hago.

Rey   Yo os hago reina de Frisia,
             aunque esto no es obligaros,
             si dejáis por mí otros reinos
             y otros estados más altos.

Elena   Tenga Aurelio, pues le amáis,
             si yo a pedíroslo valgo,
             oficio de camarero,
             y Enrico, de secretario.

Rey   Sea, de esa suerte, Alberto,
             pues vos mostráis estimarlo,
             mi mayordomo mayor.

Elena   Roselo, como soldado,
             tendrá la guarda a su cuenta.

Rey

Y Leonido en mi palacio,
la tenencia y alcaidía.

Elena

Dios os guarde muchos años.

Otón

No pienso yo que sirvieron
a tus padres mis pasados,
Reina de Frisia, tan mal,
cuando en la paz gobernaron.
Y en las guerras que tuvieron
con propios y con extraños,
esta sangre que me dieron
tantas veces derramaron,
ni tengo tan poca tuya
que merezca olvido tanto,
ni verme en tanto desprecio
que me dejes olvidado
donde has honrado otros hombres,
que algunos de ellos se honraron
de servir... Pero no quiero,
si los honras, deshonrarlos.
Basta decir que este día
mis canas que te han criado,
y que tu padre mandó
que las respetases tanto,
baña el agua de los ojos
que miran tantos agravios.
Que si yo, por ser viejo,
ni a paces ni a guerras valgo,
hijo tengo que conoces
que sabe regir un campo
y hablar sabe en un consejo
de soldados o letrados.

Rey   ¿Quién es este caballero?

Elena   Otón, señor, de mis claros
                    padres, como pienso, deudo,
                    y de los buenos vasallos
                    que esta corona ha tenido.

Rey   Otón, yo no soy culpado
                    en la queja que tenéis;
                    que no os conozco es muy llano,
                    con que disculpado quedo.

Otón   Aunque yo hubiera tirado
                    la bala del arcabuz
                    que ha pasado tu retrato,
                    como alguno que está aquí,
                    no me hubiera despreciado
                    la reina con más cautela.

Alberto   Habla, Otón, con más recato,
                    que ningún hombre hay aquí
                    que trate al rey con engaño
                    si no tiene sangre tuya.

Otón   ¿Yo al rey?

Rey   Caballeros, paso,
                    que éste es día de ganar
                    las voluntades a entrambos,
                    y no de hacer, con agüeros,
                    casamientos desdichados.
                    Dense las manos.

Alberto   Señor,
yo soy su amigo.

Otón   Los pasos
que he dado por tu servicio
no merecen este pago.

Rey   Almirante de la mar
hago a Otón.

Otón   Tú me has honrado
cuando quien llamarme puede
padre me ha olvidado tanto.

Rey   Vamos, señora.

Elena   Yo voy
triste de ver que os han dado
los de mi casa este enojo.

Rey   Hoy hacéis el tiempo claro,
como cuando sale el Sol
de resplandor coronado
después de la tempestad.

Elena   De vuestra luz son los rayos.

Otón   No importa que agora os deis
en amor y paz las manos;
presto veréis lo que puede
la discordia en los casados.

(Vanse con su orden.)

Fin de la primera jornada

Jornada segunda

(Salen Pinabelo y Fabio.)

Pinabelo
      Luego que el rey se casó,
Fabio, me ausenté de aquí.

Fabio
Bien habrá tres años.

Pinabelo
                Sí.

Fabio
¿Y vienes mudado?

Pinabelo
             No,
que así quiero a la duquesa
como la quise al partir,
conservando hasta morir
aquella imposible impresa.
   Traigo la misma afición,
porque no vencen los años
lo que con los desengaños
no ha podido la razón.
   En mi destierro he vivido,
porque en aquella cuestión
de Alberto, mi padre Otón
fue de mi amor defendido.
   Así se va conservando
del mundo el curso y creciendo;
los humillados subiendo,
los levantados bajando.
   ¿Qué nuevas hay por acá?

Fabio
Que a Frisia el rey este día
a su mayorazgo envía.

Pinabelo   ¿Por qué?

Fabio   Pídensele allá,
                  que como la bella Elena
                  jamás le ha dejado ir,
                  no puede el reino sufrir
                  su ausencia sin mucha pena,
                      y así, para su consuelo,
                  al príncipe les ha enviado.

Pinabelo   ¿Es hermoso?

Fabio   No ha criado
                  más bello Narciso el cielo.

Pinabelo   Todo aumenta mi dolor.

(Sale Otón.)

Fabio   Tu padre.

Otón   ¿Cómo has entrado
                  antes de haberte avisado?

Pinabelo   Sin avisos parte Amor.

Otón   Pudiera venirnos daño
                  del haberte conocido.

Pinabelo   Nadie me ha visto.

Otón   Hoy ha sido
                  el primero de mi engaño,

y por eso te avisé,
porque esta noche sospecho
que ha de tener fin mi pecho
a lo que ayer comencé.

Pinabelo   ¿Cómo, señor?

Otón   No he podido,
por discordias que he sembrado,
vencer este amor casado
que está a dos almas asido;
    pero agora que intenté
decir que a su amor traidora
es la duquesa, que adora,
más puerta a su enojo hallé.

Pinabelo   Pues, ¿a qué efeto?

Otón   En razón
de que llevándole a ver
la traición de su mujer,
aunque fingida traición,
    saldrás tú con tus criados
diciendo que la defiendes
porque su inocencia entiendes.
Y los nobles, convocados
    a voz de que el rey la mata
por casarse en Francio luego,
verás que se enciende un fuego
que hasta incendio se dilata.
    Porque el pueblo, defendiendo
a su natural señora,
que, como sabes, la adora,
le ha de ir buscando y siguiendo

con las armas en las manos.

Pinabelo   Discordia se ha de sembrar
             que venga a resucitar
             los griegos y los troyanos,
                porque Elena, aborreciendo
             por el testimonio al rey,
             romperá de amor la ley
             vida y honra defendiendo,
                y el rey, por verse ofendido,
             tanto la ha de aborrecer,
             que no se vuelvan a ver.

Otón   Advierte que prevenido
                con gente a mi aviso estés.

Pinabelo   El rey viene. Adiós te queda.

Otón   Como esto bien nos suceda,
             tuya la duquesa es.

(Vase Pinabelo.)

Otón   Fabio, silencio.

Fabio   Ya sabes
             que sé callar como hacer.

Otón   Cierra el alma.

Fabio   Desde ayer
             le di al peligro las llaves.

(Salen el Rey y Aurelio.)

Rey
    Como si hubiera mil años
que el príncipe se partió,
vivo, Aurelio, y muero yo
haciendo a su ausencia engaños.

Aurelio
    No me espanta, que él merece
ese cuidado en que estás.

Rey
No puedo quererle más,
y el ausencia el amor crece.
    Quien tiene amor que en rigor
no puede aumentarse ya,
ausente el bien y verá
cómo se aumenta el amor.

Aurelio
    Yo te he visto aquestos días
con extraño sentimiento.
¿Era de este pensamiento,
o por ventura tenías
    alguna oculta tristeza?

Rey
¡Ay, Aurelio! ¡Qué rigor
del mundo dar del honor
las llaves a la flaqueza!

Aurelio
    No lo entiendo.

Rey
        En la mujer,
que es la flaqueza mayor,
¿no está del hombre el honor?
Pues, qué mayor puede ser?

Aurelio
    Eso, ¿qué te toca a ti?

Rey

No digo que me ha tocado,
mas que un hombre me ha contado
que puede tocarme a mí.

Aurelio

¿Hombre fue tan atrevido
ni de burlas ni de veras?

Rey

Si su autoridad supieras,
casi lo hubieras creído.

Aurelio

Sin sentido me has dejado.
Mas ¿puede su autoridad
ser más que la calidad
de la que tienes al lado?

Rey

Conozco que Elena es buena;
pero el testigo es con canas.

Aurelio

Bien puede haber dos Susanas
y solo una falsa Elena.
Porque canas no son ya
del mundo en tanto tenidas
que merezcan ser creídos.

Rey

¿Canas no?

Aurelio

Muy claro está;
pues ya los más de los hombres
las disimulan y cubren.

Rey

La edad a la vista encubren,
no la verdad ni los nombres,
y a quien las muestra tan bien,

darla crédito es razón.

Aurelio   Aquí, señor, está Otón.

Rey   Pues ése lo sabe bien.
                 Vete, Aurelio, que sin duda
             en esto me viene a hablar.

Aurelio   No te acierto a aconsejar,
             que hasta el alma tengo muda.

Rey   Bien puedes llegar, Otón.

Otón   Deseo tengo de hablarte,
             porque ya he visto la parte
             y el dueño de la traición.

Rey   Otón, en duda que mentirme puedes,
             y que puedes decir verdad, en duda,
             a Frisia envío al príncipe con lágrimas
             de la duquesa, que su ausencia siento,
             temiendo que no es fuerza, sino engaños,
             llevar a Frisia a un niño de tres años.
             No te he creído, porque no era justo,
             ni tampoco he dejado de creerte,
             ya por tu autoridad, ya por tus canas.
             ¿Qué es lo que agora dices, que me tienes
             sin alma, con más penas y cuidados,
             que el que colgada de un cabello tuvo
             la espada del tirano de Sicilia?

Otón   ¿Has dado cuenta a Aurelio de este caso?

Rey   No te quiero engañar. Ya sabe Aurelio

que tú me has dicho mal de la duquesa.

Otón   Y ¿qué te ha dicho?

Rey   Que mentir podrás.
            Yo te aboné, si la verdad te digo,
            con esas canas.

Otón   ¿Qué te dio en
            respuesta?

Rey   Que las tenían otros que a Susana
            levantaron el falso testimonio.

Otón   Si fuera el persuadirte con historias;
            más efectiva persuasión bien creo
            que hallara algunas en la historia sacra.
            Mas dime solamente: ¿Eres más noble,
            más capitán, más sabio que fue César?
            Pues mira si a Pompeya, mujer suya,
            repudió por adúltera con Clodio.
            ¿Zoé no era emperatriz? Pues mira
            lo que por Michael hizo hasta darle
            la muerte a su marido Argiropilo.

Rey   No digo que yo la flaqueza humana
            no se atreva a laureles y azadones,
            sino que muchas veces hemos visto
            la envidia enloquecerse a testimonios.
            Tal vez a un hombre noble, por que es rico,
            que es mal nacido esclavo le levantan;
            tal vez detiene un hábito una envidia;
            tal vez llama ignorante al hombre docto
            y tal a la mujer, que es casta y santa,

que es lasciva y adúltera levanta.

Otón   Si yo te enseño el hombre, y con tus ojos
le ves, señor, en sus indignos brazos,
¿creerás que son envidias o verdades?

Rey   ¡Qué fuertemente, Otón, me persuades!
¿Tú el adúltero?

Otón   Sí.

Rey   ¿Cuándo?

Otón   Esta noche.

Rey   ¿Esta noche?

Otón   ¡Pues no!

Rey   Vete y avísame.

Otón   Pues yo vendré a llamarte.

Rey   Corto plazo;
pero ¿cuándo fue largo en las desdichas?

Otón   Si no fuere verdad lo que te digo,
córtame la cabeza.

Rey   ¿Es, por ventura,
quien me mataba con aquella bala?

Otón   Como eso has de saber, si a verle llegas,
y confesar, aunque de amor te ciegas.

(Vase Otón.)

Rey   Las máquinas que tienen más grandeza
con ímpetu mayor vienen al suelo;
en el más superior y último cielo
vino el planeta de mayor tristeza
    Los edificios de mayor alteza
hiere más presto el rayo y cubre el hielo;
el ave más cobarde es de más vuelo;
su misma carga oprime a la flaqueza.
    Elena, reina en Grecia, fue centella
del incendio troyano que deshonra.
¿Cuántos laureles abrasó por ella?
    ¿Que pueda mi valor perder la honra?
Mas si pudo caber traición en ella,
en mí pudo también caber deshonra.

(Sale Elena.)

Elena   A las fuentes del jardín
vengo, Albano, a convidaros,
que allá tengo que contaros.

Rey (Aparte.)   (Presto contarás tu fin.)

Elena   Entre las flores que viste
flora este esmaltado mes,
aunque para tristes es
el agua música triste.
    En sus márgenes lustrosas
sentados, habéis de oír
lo que os ha de divertir
de estas penas amorosas,

que bien sé que el hijo mío
con su ausencia os trata mal.

Rey (Aparte.)   (¡Que quepa en belleza igual
tan infame desvarío!)

Elena   ¿Qué decís?

Rey   Que es tarde ya,
y que tengo que escribir.
Licencia os quiero pedir,
que Aurelio esperando está,
   que va por la posta a ver
cómo va el príncipe.

Elena   Es justo.

Rey   Perdonad si en ese gusto
parte no puedo tener,
   que no faltará ocasión
en que, a la fuente sentados,
oigáis mayores cuidados
de mi honor y obligación.

(Vase el Rey.)

Elena   No sé qué tiene Albano, que estos días
mira mis ojos con suspiros tales,
que, de oculto dolor dando señales,
tienen por blanco las entrañas mías.
   El alma, que congojan fantasías
por no dar a la lengua los mortales
avisos tristes de secretos males,
despacha indicos por diversas vías.

Unos llegan cansados y otros mudos;
todos dicen la pena y no la causa;
dan fuego al alma y a la lengua nudos.
    Y, entre las ansias que la muerte causa,
mejor es que los filos sean agudos,
que el dolor del morir está en la pausa.

(Salen Pinabelo con Fabio y dos criados y hablan aparte.)

Pinabelo   Aquí os habéis de esconder,
                  a lo que digo advertidos.

Fabio   Ya venimos prevenidos
                  de los que habemos de hacer.

Elena   ¡Ay, cielo! ¿Qué gente es ésta?

Pinabelo   ¿De un hombre invocas al cielo?

Elena   Pues, ¿quién eres?

Pinabelo   Pinabelo.

Elena   En más cuidado estoy puesta.
                     ¿Tú en la corte?

Pinabelo   Elena, sí,
                  que el peligro de tu vida
                  no hay destierro que no impida.

Elena   ¿De mi vida? ¿Cómo ansí?

Pinabelo   El rey te quiere matar;
                  yo te vengo a defender.

Elena   ¿Por qué?

Pinabelo   Porque otra mujer
                         se lo debe de mandar,
                            que, como tiene heredero,
                         aspira a reinos mayores.

Elena   ¿Son de tus locos amores
                         estas industrias?

Pinabelo   No quiero
                            venir a pruebas contigo,
                         sino solo defenderte;
                         que aunque me piden tu muerte
                         mi venganza y tu castigo,
                            debo a quien soy lo que hago,
                         que a ti no.

Elena   ¡Miedo me pones!

Pinabelo   Con obras, no con razones,
                         mis lealtades satisfago.
                            Para matarte mejor,
                         tu hijo envía de aquí.

Elena   ¿Qué tiene el rey contra mí?

Pinabelo   Un pensamiento traidor:
                            que a voz de adúltera quiere
                         matarte.

Elena   ¡Tú desvarías!

Pinabelo   Descúidate, que podrías
                  ver si cuidado requiere.

Elena   ¿Yo, adúltera?

Pinabelo   Quiere dar
                  con esa fama color
                  a tu muerte.

(Salen Otón y el Rey.)

Otón   Ya, señor,
                  no tengo más que mostrar.

Rey   Pues, ¿quién es éste?

Otón   No sé;
                  sé que tiene gente armada.

Rey   Luego, ¿sacaré la espada?

Otón   ¿Pues, no, señor?

Rey   Verdad fue.

Pinabelo   ¡El rey te viene a matar!
                  ¡Huye!

Elena   ¿Qué es esto, señor?

Rey   ¡Villana Elena! ¡Ah mi honor!

Pinabelo   ¿Ves si te vengo a engañar?
                      ¡Nobles de Cleves aquí,

que matan vuestra señora!

(Salen Alberto y Leonido.)

Alberto   ¿A la duquesa?

Rey   Yo soy;
                 que me ha quitado la honra.

Elena   ¿Yo, vasallos? Miente Albano,
                 que estoy inocente agora
                 como primero que viere
                 la luz del mundo.

Leonido   ¿Y no sobra
                 ser tú quien todos sabemos,
                 tan noble y tan virtuosa?

Pinabelo   ¡Muera Albano, caballeros,
                 que, por casarse con otra,
                 dice que la casta Elena
                 es fementida y traidora!

(Salen Aurelio y Enrico.)

Aurelio   ¿Qué es esto, nobles de Cleves?
                 ¿Quién os mueve y alborota
                 para que saquéis las armas
                 contra la real persona?

Alberto   ¡Quiere matar la duquesa!

Rey   Yo tengo causa.

Enrico   Reporta,
señor, la furia y la espada.

Elena   ¿Yo te he ofendido?

Otón   No pongas,
señor, la mano en la reina.

Rey   ¿Tú me aconsejas agora?

Pinabelo   ¡Viva la duquesa, y muera
Albano!

Aurelio   Ya el pueblo toma
las armas. ¡Huye, señor,
que defienden su señora!

Rey   ¡Yo me vengaré de ti!

Elena   No es príncipe el que deshonra
una mujer inocente
tan desamparada y sola.

(Vase el Rey defendiéndose, y todos tras él. Salen Perol y Celia.)

Perol   No huyas de mi rudeza,
que, aunque pobre labrador,
a un alma llena de amor
le sobra inmortal riqueza.
   No tiene el monte que miras,
Celia, mi igual en quererte.

Celia   ¡Que me sigas de esta suerte!

Perol

¿De que te siga te admiras?
  Si con ser más bello el Sol
la sombra le va siguiendo.

Celia

De que me sigas me ofendo.
No quiero sombra, Perol.

Perol

  Pues Dios te ha dado hermosura
de Sol, sombra has de tener,
y si alguna la ha de ser,
¿qué más triste y oscura?
  Déjame, Celia, seguir
los rayos de tu belleza,
mira que es mucha aspereza
dejar un hombre morir.
  ¿Tú no ves que son piadosas
las mujeres cortesanas?

Celia

Pues, hermano, las villanas
somos tercas y enfadosas.

Perol

  Tan piadosas son allá,
que lo que no dan al gusto
tienen por caso muy justo
el darlo a la vista ya.
  Saben que un pobre, un indino,
no ha de comer de aquel plato;
pero danle de barato
lo que coge de camino.
  Hacen del traje invenciones
para el más vil ganapán,
que a quien el ave no dan
le dan las patas y alones.

Celia   ¿Cómo?

Perol   La manga al jubón
acortan ya de manera,
que no hay mano de ternera
que muestre más zancarrón.
    De suerte que no hay picaño
que el medio brazo no vea.

Celia   No es traje honesto.

Perol   No sea;
ellas lo ahorran del paño.
    Descubren en los pescuezos,
las gordas, asentaderas;
las flacas, dos pesebreras
con dobleces y arrapiezos.
    Si hay lodos, fingen limpieza,
y el chapín, no digo el pie,
como en la tienda se ve,
bajos son, pero es bajeza.
    Luego dan, si a tu memoria
vuelves todas mis razones,
pescuezos, patas y alones,
que es toda la pepitoria.

Celia   ¿Y eso es piedad?

Perol   Ya lo ves;
el que pasa por la calle,
feo, pobre y de mal talle,
lo goza sin interés.

Celia   No lo creo.

Perol   De mil modos
                    las damas allá deleitan,
                    porque se lavan y afeitan
                    y se visten para todos.
                        Dios me libre del rigor
                    de una mujer aldeana,
                    que pide a un torrezno grana
                    y al vino afeite y color.
                        Mira, Celia, que condenas
                    el uso que has de imitar.

Celia   Ejemplos se han de tomar
                    solo de las cosas buenas.
                        De muchas que hay en la corte
                    santas y honestas, es justo,
                    imitar vestido y gusto
                    y que a su traza se corte;
                        y pues las más son las buenas,
                    yo quiero imitar las más.

Perol   En lo cierto, Celia, estás.

Celia   Pues, ¿para qué me condenas?

(Sale Aurora.)

Aurora   Ve, Perol, que Dios te guarde,
                    ayuda a dos caballeros
                    que al pie de vuestra cabaña,
                    entre esos verdes enebros,
                    se apean de dos caballos
                    ya, más que cansados, muertos,
                    pues la sangre de los lados

tiñe las hierbas del suelo.

Perol   Ellos me impiden el paso,
porque sin duda son éstos.

(Salen el Rey y Aurelio en cuerpo con botas y espuelas.)

Rey   Sin entrar en el aldea
dos caballos procuremos.

Aurelio   Aquí, señor, hay pastores.

Rey   ¿La gente sois de este pueblo?

Perol   Somos a vueso servicio
y aun todos vasallos vuestros;
que ya os conocen, señor,
estas montañas y puertos,
que honrastes cuando a casaros,
galán, pasastes por ellos.

(Hablan en Rey y Aurelio aparte.)

Rey   ¿Qué haré, que me han conocido?
¿Negaré quien soy, Aurelio?

Aurelio   No, señor; que éstos no saben
que vas de la reina huyendo.

Rey   No la llames reina ya,
sino Elena, incendio y fuego
de mi vida y de mi alma,
de mi honra y de mi reino.

Celia   ¡Ah, señor! ¿No se le acuerda
            de la danza?

Rey   Bien me acuerdo.
            ¿No era el alma de la danza
            mudanzas del casamiento?

Celia   Sí, señor. Yo era la Paz.

Perol   Yo también era los Celos,
            discordia de los casados.

Aurora   Yo la Envidia.

Rey   Triste agüero!
            Parece, Aurelio, que entonces
            hablaban en mi suceso.

Perol   ¡Pardiez! Ruin gente le sirve.

Rey   ¿Cómo así?

Perol   Fuimos siguiendo
            a su merced a la corte
            seis bien vestidos mancebos
            y cuatro bellas zagalas,
            un tamboril, un salterio
            y éstas que escudos parecen
            y suenan como instrumentos,
            y unos que unos picos traen
            asidos en unos fresnos.
            No nos dejaron entrar.

Rey   ¿No hablasteis con los porteros?

Perol   ¿Qué porteros ni qué puertas?
             Allí estaban otros ciento,
             de ellos sanos, de ellos cojos,
             de ellos mozos, de ellos viejos;
             pero no podían hablaros.
             Donde vi cuánto más presto
             negocia un hombre con Dios
             que con los hombres del suelo.

Rey   ¿Tenéis acá, por ventura,
             dos caballos? Pagarélos
             a fe del rey.

Perol   ¿Dos caballos?
             Dos hay, mas no son muy buenos.

Rey   ¿Son fuertes?

Perol   Bien fuertes son,
             aunque no son muy ligeros.

Rey   Ven a dármelos.

Perol   Seguidme,
             que esto y más a quien sois debo.

Rey   Ven, Aurelio.

Aurelio   Dicha ha sido.

Celia   ¿Qué tiene el rey?

Aurora   No lo entiendo.

Celia   ¿Si se han perdido en el monte?

(Váyanse el Rey y Aurelio, y Perol con ellos.)

Aurora   No vi cazador ni perro,
                       y para venir a caza
                       está la corte muy lejos.
                       ¿Qué has pasado con Perol?

Celia   Persígueme con ejemplos
                       de las damas cortesanas,
                       que, porque traen descubiertos
                       los cuellos y las muñecas,
                       traje ni galán ni honesto,
                       dice que son más piadosas
                       porque, en fin, gozan de verlo
                       hasta los hombres más viles.

Aurora   Perol es robusto y necio;
                       porque más le enamorara,
                       si acaso fuera discreto,
                       que la lengua y el vestido,
                       los honestos pensamientos.

(Sale Perol.)

Perol   ¿Hay dicha como la mía?

Celia   ¿Qué te han dado?

Perol   Extraño cuento.
                       Este famoso diamante
                       y esta bolsa de dinero,

y yo les di dos rocines
que el uno ha sido camello
y el otro sabe danzar
el canario y saltarelo.

Celia   ¿No llevan espuelas?

Perol   Sí;
pero hay rocines de aquéstos
que, como un truhán agravios,
sienten la espuela y el freno.

(Salen Alberto y Leonido.)

Alberto   Grande ventaja nos llevan.

Leonido   En el instante salieron.

Alberto   Allí he visto unos pastores.

Leonido   Preguntémosles por ellos.

Perol (Aparte.)   (Sin duda buscan al rey.)
¡Ah, señores caballeros!
Aquí el rey, con un criado,
dejó dos caballos muertos,
y yo les di dos rocines
y este dinero me dieron.
Bien le podrán alcanzar.

Alberto   ¿Hay tan extraño suceso?
¡Maldito seas, villano,
que si no le das tan presto
en que pudiese partir,

no escapa de muerto o preso!

Celia   ¿Preso o muerto?

Perol   Pues, ¿por qué?

Leonido   Es un traidor, que va huyendo
porque ha querido matar,
con mentiras, con enredos,
a vuestra honesta señora.

Aurora   ¡Malos años!

Perol   Si el suceso
supiera entonces le paso
con una aguijada el pecho.

Alberto   Vamos, Leonido, tras él.

Perol   No habrán llegado a lo espeso
del monte.

Leonido   Será imposible.

Alberto   No hay imposible al deseo.

Aurora   ¿Qué os parece?

Celia   Estoy turbada.

Perol   ¡Que le di mi rocín tuerto!

Celia   ¿No dices que era pesado?

Perol

Mal talle, yo lo confieso;
pero en volar treinta millas
no diera ventaja al viento.

Celia

¡Matar la duquesa quiso!
¿No se adoraban, y el cielo
un hijo les había dado?

Aurora

¡Quién sabe si algunos celos
en ese amor y esa paz
discordia y guerra pusieron!

Perol

Yo me voy al campanario
a ver los que van tras ellos,
que hasta el monte se descubre.

Celia

Vamos, Aurora, que creo
que alguna causa le han dado.

Aurora

Bastan celos.

Celia

       Sobra el miedo.

(Salen Elena y Pinabelo.)

Pinabelo

Levanta los divinos ojos bellos
y deja la tristeza que los cubre,
pues no te ofenden, no te vengues de ellos.

Elena

Quien las tristezas del honor encubre
más efectos de mármol que de humano
en acciones tan ásperas descubre.

Pinabelo

¿En qué se diferencia del villano

el generoso pecho? En que resiste
de la Fortuna al proceder tirano.
     Y tú, divina Elena, que perdiste
un bárbaro que al fin te daba muerte...

Elena

No todos saben consolar a un triste.
     En tratando a mi esposo de esa suerte,
mi pecho a tu defensa desobligo.

Pinabelo

Que es tu enemigo y no tu esposo advierte.

Elena

     Conozco que fue bárbaro conmigo;
yo lo quiero decir, mas no escucharlo
del más privado o del mayor amigo.
     Fue mi primero amor, y debo amarlo
por marido y por dueño eternamente,
y aunque me diera muerte perdonarlo.

Pinabelo

     Bastaba ser mujer, que tiernamente
adoran quien las tiene aborrecidas,
monstruo que obliga el mal y el bien no siente.
     A mí, duquesa, que te di dos vidas,
la que el rey te quitaba y que defiendo
y ésta que vivo y sin razón olvidas.
     Estás con pecho ingrato aborreciendo
y adoras en un hombre que te mata.

Elena

Esto me manda Amor.

Pinabelo

                    ¡Qué furia emprendo!
     ¿De qué fiero volcán naciste iingrata!
que vomitando fuego a las estrellas
escupe nubes a su eterna plata?
     Las tigres fieras son, que no son bellas

como tienes el cuerpo hermoso humano
o como el alma te influyeron ellas.
     Pues primero del lazo soberano
desatada la máquina del cielo
se hará pedazos en el aire vano;
     las flores nacerán dentro del hielo,
y la nieve dará sangre a la rosa,
y al tierno lirio azul dorado pelo,
     y dejarás de ser ingrata hermosa,
que es mayor imposible que te olvide
el alma a quien te muestras rigurosa.

Elena   Detente, Pinabel, refrena y mide
con mi decoro tus palabras locas
como tu estado y mi grandeza pide,
     que si en las cosas del honor me tocas,
aún tengo en Cleves yo quien me defienda;
porque primero las excelsas rocas
     que bate el mar por su salada senda
irán en forma de ligeras naves
sin que su peso descansar pretenda,
     y los dos elementos, que son graves,
oprimirán el aire al fuego activo,
trocando peces con ligeras aves,
     que olvide al rey ni de mi pecho altivo
se alabe la bajeza de un vasallo.

Pinabelo (Aparte.)   (¡Que aquesto escucho y permanezco vivo!)

(Sale Otón.)

Otón   Si lo mandaste tú, puedes mandallo,
señora, y me parece justa cosa,
y así no he pretendido castigallo.

Alterada la turba populosa
de todos los más públicos lugares
con armas libres y venganza honrosa
    del rey las armas, tanto que en altares
no ha valido el respeto religioso:
perdón merece y que en su amor repares.
    Corre el vulgar estrépito furioso
Diciendo: «¡Viva la duquesa Elena!»
y «¡Muera Albano, bárbaro ambicioso!».
    Tanto, que si por dicha te condena
alguno de cruel o sospechoso,
el más cercano el cuello le cercena.
    Paréceme, señora, justa cosa
que los retratos que en palacio tienes
mandes dar a la llama licenciosa,
    para que vean que en su intento vienes
y que sientes de honor y de venganza.

Elena   ¡Con qué viles consuelos me entretienes!
    Déjame, Otón, vivir sin esperanza
de ver al rey, y deja que me engañe
siquiera en tanto mal su semejanza.
    No le agradezco al pueblo que acompañe
vuestro consejo en el furor presente
y de que adoro al rey se desengañe.

Otón   Ya no es tiempo, señora: el rey, ausente;
tú, sin honra; yo, vivo; los estados,
quejosos, y con armas tanta gente
    de finezas de amor ni de cuidados.
Hombre es el rey, y en Cleves nacen hombres.

Elena   ¡Sí, nacerán para guardar ganados!

Otón   No, son hombres también y gentilhombres.

Elena   ¡Yo adoro al rey, villanos! ¿Qué es aquesto?

Otón   Bien merecemos esos viles nombres.

Pinabelo   Déjala, padre; que ella verá presto
sin consejo y sin armas, si es decoro
guardar con un traidor término honesto.

Elena   ¿No puedo yo decir que al rey adoro?

Otón   No, si la honra y vida te ha quitado.

Elena   Mientras más le culpáis más me enamoro.
                           ¡Perros! ¡Vosotros me la habéis quitado!

Pinabelo   Loca la tiene el amor.

(Salen Alberto y Leonido.)

Leonido   Basta, señora;
que se escapó de nuestro brazo airado.
   En la raya de Frisia queda agora
el rey con grueso ejército.

Alberto   Y jurando,
no menos que llamándote traidora,
   entrar por tus estados abrasando
las ciudades, los campos y la gente,
y agora quedará furioso entrando.

Otón   Fuera mejor un capitán valiente
y un consejero viejo que afrentados

dónde hallarás quien defenderte intente.
    Abrasa el rey de Frisia tus estados
y a mi hijo y a mí nos llamas viles,
de quien temblara en la campaña armados.
    ¿No fuera Néstor yo y él fuera Aquiles?

Elena   ¿Luego faltó valor a las mujeres
en letras y armas fuertes y sutiles?
    ¿Amenazarme con las tuyas quieres?
Pues hoy saldré con un bastón rigiendo
la guerra de quien tú bisoño eres.
    Tú verás el caballo en ira ardiendo,
sujeto a las espuelas y a las varas,
la mano femenil obedeciendo.
    Tú verás cómo corre y cómo para,
formando diestramente las hileras
una mujer. ¿Mujer? Solo en la cara.
    Tú verás dónde pone las banderas
y ordena los infantes y caballos
y que saben ser fuertes y ser fieras
    adonde son traidores los vasallos.

(Vase Elena.)

Otón   ¿Qué os parece de aquesto?

Leonido   Que la sigo,
por no ver con sus quejas infamallos.

(Vase.)

Alberto   Yo sé que soy leal, lo mismo digo.

(Vase.)

Pinabelo   Ya todos éstos hablan con sospecha.

Otón   Nunca te fíes del fingido amigo.

Pinabelo   ¿Qué hemos de hacer?

Otón   Al campo va derecha;
seguirla, su rigor disimulando;
que en últimas fortunas aprovecha.
   A la mira estaremos, esperando
quién vence de los dos.

Pinabelo   ¡Terrible suerte!
querer morir sin esperanza amando
y no vivir por esperar la muerte.

(Vanse todos y salen el Rey, con caja, bandera y soldados, y Alberto, Enrico, y Roselo.)

Rey   Vaya Enrico con la gente
y hagan alto en ese llano.

Enrico   Iré a servirte obediente.

Rey   ¡Oh, si estuviera en mi mano
hacer de Jerjes la puente!

Aurelio   ¿Quién duda que atravesaras
el mar, cuanto más a Cleves?

Rey   Si en mis enojos reparas,
todas son venganzas breves.

Aurelio Las del honor son muy caras.
    ¿Es posible, gran señor,
  que trataba la duquesa
  de hacer ofensa a tu honor?

Rey De hablar en esto me pesa,
  que aún no está muerto el amor.
    ¿No has visto golpe de llano
  que solo quita el sentido
  y que el filo quedó en vano?
  Pues tal en mi amor ha sido
  el golpe de aquella mano;
    que, aunque dando en el honor,
  no hay filo más delicado.
  Fue el gusto tal defensor,
  que parece que le han dado
  golpe de llano al amor.
    Que como yo le acomodo
  tan varias disculpas ya,
  el amor del propio modo
  como desmayado está;
  mas no está muerto del todo.

Aurelio   Pésame que estés ansí,
  si dices que con tus ojos
  viste un hombre.

Rey   Un hombre vi;
  mas vile con los antojos
  de los celos que creí.
    Suceden muchos errores
  de llevar estos desvelos,
  que ofenden tantos honores,
  que siempre antojos de celos

hacen las cosas mayores.
    Yo te juro que fui loco
en no detenerme un poco
y consultar la prudencia.
¡Qué presto di la sentencia
y qué tarde la revoco!

Aurelio   Ya te dije que pensaras
primero lo que era justo.

Rey   Aurelio, ¿en eso reparas?
Tú vieras lo que un disgusto
puede en el amor, si amaras.
    Mayormente que el honor
pocas firmezas ofrece,
porque es un vidrio traidor
que con quebrarse agradece
querer limpiarle mejor.

Aurelio   Límpiele poco quien ama.

Rey   No es buena satisfacción,
que si vidrio, en fin, se llama,
que esté muy limpio es razón,
porque bebe en él la fama.

Aurelio   No me puedo persuadir
que tengas amor a quien
otro amor pudo admitir.

Rey   Ni yo puedo querer bien
a quien voy a perseguir.
    Lo que digo es que sospecho
que puedo ser engañado

de algún envidioso pecho,
porque no está averiguado
el agravio que me han hecho.
    Y que por donde el honor
no muestra ofensa en rigor,
el amor se suele entrar,
porque por poco lugar
entra cuando quiere amor.
    Mas está cierto que en tanto
que con esta duda estoy,
seré una fiera, un espanto
del mundo.

Aurelio   Dudoso voy
de quien se enternece tanto.

Rey   No hayas miedo, Aurelio, amigo,
que no hay mayor enemigo
que aquél que teniendo amor
da por ofensas de honor
a su mismo amor castigo.
    Abrasaré las ciudades
de esta fiera, ingrata hembra,
porque no hay enemistades
como cuando el odio siembra
discordia en dos voluntades.
    Sígueme y verá a Atila,
a Mercurio, a Mitridates,
a Clodomiro, a Totila,
a Egelberto y a Amurates,
a Maximino y a Sila.
    Mal conoces el furor
que amor ofendido alcanza;
quédese atrás el honor,

porque no hay mayor venganza
que por ofensas de amor.

(Vanse y salen por otra parte Leonido, Alberto, Pinabelo, Otón, soldados y
Elena en hábito corto, con espada y daga y bastón y sombrero con una pluma
grande revuelta.)

Elena   Ya creo que has visto, Otón,
de qué suerte en la campaña
me dio la mano el arzón
y que a mujer acompaña
tal vez viril corazón.
 Con estas botas y espuelas
viste las ijadas rotas
de algún frisón, ¿qué recelas?

Otón   Ya con espuelas y botas
vi que por el viento vuelas.

Elena   ¿Viste de qué forma en cuadro
aquel escuadrón se ordena,
cómo le compongo y cuadro,
y que al que se desordena
de un bote el pecho taladro?
 ¿Viste aquella guarnición
con que se defiende agora
de cualquier oposición?

Otón   Ya vi que sabes, señora,
formar un fuerte escuadrón.

Elena   Pues yo soy, si no lo entiende
de tu amor la poca ley,
que tanto mi amor ofende,

la misma que adora al rey
y la que su honor defiende.
    Yo puedo al rey adorar
y le puedo detener
que venga a hacerme pesar;
porque una cosa es amar
y otra cosa defender;
    y aunque no hubieras venido
con tu hijo, hay capitán
que ha de ser obedecido.

Pinabelo   Y tan gallardo y galán
                    que es adorado y temido.

Otón   Provócante los enojos,
                    que a veces son necesarios.

Pinabelo   Y ganarás mil despojos,
                    pues rendirás los contrarios
                    con solo volver los ojos.

Elena   No haya ternuras aquí;
                    el que no fuere soldado
                    no me ha de servir a mí.

Pinabelo   Todos hemos profesado
                    serlo y servirte.

Otón   Es ansí.

Elena   Llevad, Alberto, esa gente.
                    Quede aquí solo Leonido.

Alberto   Vamos, soldados.

Pinabelo   Que intente
                  mi esperanza un bien perdido,
                  bien parece que no siente.

(Vanse todos; quédanse Elena y Leonido.)

Elena   ¿Leonido?

Leonido   ¿Señora mía?

Elena   ¿Está cerca el rey?

Leonido   Tan cerca,
                  que no hay jornada de un día,
                  y si es verdad que se acerca,
                  mucho mejor ser podría.

Elena   Muero por el rey, Leonido,
                  y voy, ¡ay, Dios! contra el rey;
                  que en el honor me ha ofendido,
                  que defendiendo su ley
                  es al honor permitido.
                     Traigo ciertos pensamientos
                  que creo que han de romper
                  en grandes atrevimientos.

Leonido   ¿Qué intentas?

Elena   Quisiera ver
                  al dueño de mis tormentos.

Leonido   ¿Cómo?

Elena   Con algún disfraz
y de la noche ayudada.

Leonido   ¡Bravo amor!

Elena   Es pertinaz.
La guerra me ciñe espada
y el alma me pide paz.

Leonido   ¿Sería de tu consuelo
ver al rey?

Elena   Sábelo el cielo.

Leonido   Pues yo buscaré invención.

Elena   Si es dentro del escuadrón
nuestro peligro recelo.

Leonido   Pierde, señora, el temor.

Elena   Las esperanzas perdidas
acobardan mi valor;
que yo perderé mil vidas
por ver al rey mi señor.

Leonido   Deja que un poco anochezca,
que yo haré con engañarle,
que al paso se nos ofrezca.

Elena   No hay cosa que por hablarle
peligrosa me parezca.

(Vanse. Entre Perol, de soldadillo, con Celia.)

Celia   A fe, Perol, que muy presto
                 tú vuelvas arrepentido.

Perol   Quien tan desdichado ha sido
                 justo fue que pare en esto.
                    De puro desesperado,
                 Celia, a la guerra me voy.

Celia   Dirás que la culpa soy.

Perol   Por ti voy a ser soldado.

Celia   ¿Por mí? Testimonio es.
                 Así Dios me dé ventura.

Perol   No, que desdenes del cura
                 me llevan como me ves.

Celia   ¡Ay, Perol; si tú supieses
                 lo que es ir a pelear
                 y el ver luego granizar
                 las balas en los arneses.
                    Si vieses, cuando la vida
                 escapes de tantos daños,
                 traer entre rotos paños
                 una esperanza perdida,
                    a pretender a la corte
                 y con seis rotos papeles
                 andarte por los canceles
                 sin hallar cosa que importe,
                    sufriendo de la comida
                 del cortesano el olor
                 de los platos el rumor

y de la fresca bebida,
  y tú de hambre muriendo
pagándote el viento allí
y cuando repare en ti,
acaso el coche saliendo,
  decirte que bien está
estando tan mal tu panza,
que el viento de la esperanza
se te viene y se te va.
  Deja para nobles eso,
que están bien emparentados,
que nunca en pobres soldados
halló pies el buen suceso.
  ¿Estaráte bien o mal,
después de muchos balazos,
dar a la guerra los brazos
y los pies al hospital?
  Vuelve en ti, que vas perdido.

Perol   La duquesa va en persona
y a los soldados pregona
linda paga y buen partido.
  O me voy o has de quererme.

Celia   Dado que venciere Elena,
¿qué has de hacer?

Perol   Huir tu pena
y a tu rigor esconderme.

Celia   ¿No has de volver a la corte?

Perol   Es verdad.

Celia   Pues, ¿qué te engríe,
                   si no has de hallar quien te guíe
                   más que una carta sin porte?
                      Hallarás mil sabandijas
                   que te chupen el humor,
                   porque no sube el favor
                   en faltando las clavijas.
                      Hallarás en la ciudad
                   unos grandes habladores
                   preciados de historiadores
                   y de no decir verdad,
                      y estos libros de secretos
                   y sabios y extravagantes
                   favoreciendo ignorantes
                   para derribar discretos.
                      Hallarás...

Perol   No digás más,
                   ya sé que la bobería
                   ha de ser desdicha mía
                   de hoy para siempre jamás.
                      Pero quererme o dejarme.

Celia   Vete con Dios.

(Salen Aurelio y el Rey.)

Aurelio   Aquí hay gente.

Rey   Aquí más seguramente
                   pienso esta noche alojarme.

Celia   Huye, Perol.

Rey
                ¡Ay de mí!,
que son soldados frisones.
No ha un hora que los calzones
y la cuera me vestí;
   señores, a serlo voy,
y aunque la guerra procuro
no soy soldado maduro,
que en verdad en cierne estoy.
   Esta espada me prestaron,
la pluma a un gallo quité,
que porque le desrabé
mil gallinas me picaron;
   suplico a sus pertenecias
me dejen ir.

Rey
              No des voces.

Aurelio
Huésped, ¿al rey no conoces?

Perol
Ya conozco sus presencias,
   y de eso tengo temor.

Rey
¿Qué hay de la duquesa Elena?

Perol
Que en esos valles ordena
gente contra vos, señor.

Rey
   ¿Es mucha?

Perol
            No me han dejado
viña, ciruela ni pera;
en mi pueblo una bandera
para hacer gente han colgado;
   y yo, que no sé latín,

quise echar por los porrazos.
pero, dejando embarazos:
¿cómo os fue con el rocín?

Rey
Caminó famosamente.

Perol
Era hablador de los pies.

Rey
Luego murió.

Perol
                    Justo es,
por bestia y por diligente.

Aurelio
¿Qué piensas hacer aquí?

Rey
Ir con esta información
de la reina al escuadrón.

Aurelio
¿Cuándo y cómo?

Rey
                    Escucha.

Aurelio
                         Di.

(Salen Elena y Leonido.)

Leonido
No pases de estas cabañas
primero que estos villanos
te informen si el rey se acerca
y dónde aloja su campo.

Elena
La oscuridad de la noche,
Leonido, ocasión me ha dado.
Amor, mi temor esfuerza,

que él me lleva y yo le traigo.

Aurelio
             Gente viene aquí, señor.

Rey
      ¿Labradores o soldados?

Aurelio
      Soldados pienso que son.

Rey
      ¿Qué gente?

Elena
                Gente de paso.

Rey
      ¿Soldados?

Elena
                Si se ofreciere.
      Y ellos, ¿qué son?

Rey
                        Otro tanto.

Elena
      ¿De qué parte?

Rey
                De quien tiene
      justicia en aqueste caso.

Elena
      ¿Luego son de la duquesa?

Rey
      De que eso digáis me espanto,
      que la duquesa es traidora.

Elena
      ¡Miente cualquiera villano
      treinta veces que eso diga!

Rey
      ¡Plugiera al cielo, soldado!;
      porque yo sé de mi rey

que su riqueza y palacio
y todo su reino os diera
porque le hubieran burlado;
pero violo con sus ojos,
no puede haber desengaño.

Elena

¿Qué vio el bárbaro cruel,
que porque tiene tratado
casarse en Francia o Bohemia
a tanta lealtad ingrato
trató de darle la muerte?

Rey

Buena disculpa buscaron.

Elena

¿Para qué viene, si tiene
justicia, con tanto daño
de la inocente duquesa
abrasando sus estados?
Póngale en Roma este pleito,
y, si pudiere probarlo
con libelo de repudio,
castigue su pecho falso,
o nombre algún caballero
que salga en campaña armado;
que ella saldrá con él
para defender su agravio;
que pues que tiene valor
para conducir un campo,
le tendrá para salir
cuerpo a cuerpo.

Rey

Paso, hidalgo.

Perol

Paso, señores, por Dios;

que está en medio un hombre honrado
aunque pobre labrador.

Rey

Guárdate afuera, villano.

Perol

Villano y cristiano viejo
hasta los perniles rancio;
testigos en esta aldea,
el olmo y el campanario.

Rey

Ahora, hidalgo, vos decís
que nombre el rey un vasallo
y que vos haréis que Elena
salga en desafío al campo.
Con mujer no ha de querer
ninguno salvo un criado
de los que a su lado tiene;
que el rey, sin pleito y letrados,
holgará del desafío.

Elena

¿Quién sois, que podrá tanto?

Rey

¿Y vos quién sois?

Elena

                              Deudo soy
de la duquesa.

Rey

                              Yo hermano
del almirante del rey,
y parto luego a tratarlo.

Elena

Yo lo mismo.

Rey

                              Pues, adiós.

Perol

> Y yo, toquen esas manos,
> aunque ninguno conozco,
> salgo por fiador de entrambos.

(Hablan aparte el Rey y Aurelio.)

Rey

> Ésta, Aurelio, es la duquesa,
> y en grande peligro estamos,
> que alguna celada tiene
> entre esos álamos altos.

(Hablan aparte Elena y Leonido.)

Elena

> Leonido, aquéste es el rey,
> bien le habemos engañado;
> gran gente tiene escondida,
> por este arroyo nos vamos.

Rey

> Ven, Aurelio, por aquí.

Aurelio

> Lindamente la burlamos.

Leonido

> ¿Qué dicha habemos tenido!

Perol

> Celia, toma allá los hatos,
> que hasta los montes revuelve
> la discordia en los casados.

> Fin de la segunda jornada

Jornada tercera

(Salen Aurelio, Enrico y Rosaberto, hijo del rey de Frisia.)

Enrico   Que le has de imitar es cierto,
            por la grandeza heredada.

Aurelio   Hoy quiere ceñirte espada
            tu padre el rey, Rosaberto;
              de cuyas obligaciones
            no hay que advertir tu valor,
            que tú lo sabrás mejor,
            pues a tal lado la pones.

Enrico   Ya te dejo ejercitado
            en la teórica de ella,
            lo demás sabrás con ella,
            en prática de soldado.
              Grande esperanza nos das
            de la virtud de tu pecho.

Rosaberto   No pretendo al que me ha hecho
            degenerarle jamás;
              conozco la obligación
            en que a mis padres nací
            y al reino que ya de mí
            tiene tal satisfacción.
              Yo cumpliré su esperanza,
            si mi vida guarda Dios,
            y sabré que de los dos
            debo tener confianza,
              pues os tengo por maestros
            en las armas y en las letras.

Aurelio   Si con tu ingenio penetras
                más que los hombres más diestros,
                  con la experiencia y los años
                justa esperanza se tiene
                de tu valor.

Enrico   El rey viene.

(Sale el Rey, acompañado, Roselo y otros, y en una fuente espada y daga.)

Rey   Hoy temblarán los extraños
                  y nacerá nuevo amor
                en los propios, Rosaberto,
                quedando el reino tan cierto
                de tu esperado valor.
                  Vengo a ceñirte la espada,
                que ha de ser terror de Europa
                cuando la Fortuna en popa,
                ya en la mar con gruesa armada,
                  ya con ejército fuerte
                en la campaña levantes
                por los reinos circunstantes
                las esperanzas de verte.
                  Dame esa espada.

Rosaberto   Señor,
                bien seguro te imagino
                de mi valor si el divino
                tuyo me influye valor;
                  que quien le hereda de ti
                bien dice con su esperanza,
                si el mayor del mundo alcanza,
                que como Fénix nací.

Rey

  Ponte, Rosaberto, al lado
la ofensa de tu enemigo,
la defensa de tu amigo,
vida, honor, reino y estado.
  Dé el cielo a tus verdes años
la dicha de Escipión,
que tanta varia nación
tembló por reinos extraños.
  Apenas doraba el bozo
sus labios, cuando el senado
le hizo procónsul, fundado
en que tan prudente mozo
  sería con más edad
lo que después de sus glorias
escriben tantas historias
con tanta felicidad.

Rosaberto

  Ya, señor, que me has honrado
con lo que ceñida tengo,
pues que de tu mano vengo
a tenerla puesta al lado,
  tu licencia me has de dar
para que me parta a Cleves,
pues hay jornadas tan breves,
que quiero a mi madre hablar.
  Sabes que en mi vida vi
su rostro, y que no ha faltado
quien me ha dicho que ha llorado
muchas lágrimas por mí:
  que dicen que injustamente
la desprecias y la dejas.

Rey

Quien te trujo tales quejas
miente, o presente o ausente;

y pues que te han advertido
con injusto atrevimiento,
está, Rosaberto, atento;
sabrás si estoy ofendido
 con la duquesa de Cleves,
Elena, y tan nueva Elena,
que ha sido fuego de Frisia,
como la de Troya y Grecia.
Me casé con tan extraños
agüeros, que entre las fiestas
una bala me voló
las plumas de la cabeza;
y dando a un retrato mío,
que en el arco de una puerta
remataba el edificio
y miraba a la Duquesa,
pasó el lienzo por la gola,
burlando la envidia ciega
toro que piensa que es hombre
cuando en la capa se venga.
Viví los primeros años
contento y en paz con ella,
que, fuera de su hermosura,
es por extremo discreta,
mirando los dos en ti
aquella concordia eterna
de la paz de los casados
que los hijos manifiestan.
Mas la mudable inconstancia
de las cosas de la tierra
trocó en discordia esta paz
y toda esta gloria en pena.
Avisáronme ¡ay de mí!
que Elena tenía secreta

conversación con un hombre
en mi deshonra y afrenta.
Fuilo a ver, y entrando acaso,
él mismo a voces comienza
a decir que yo venía
a matar a la Duquesa.
Con esto, no solo el vulgo,
pero también la nobleza
de Cleves tomó las armas,
y me siguieron con ellas.
Tuve dicha en que ya estabas
en Frisia, y el alma llena
de amor, y el honor de infamia
puse a la venganza espuelas.
Entré abrasando su estado
con grueso ejército, y ella
me salió al paso, ocupando
del Rin las verdes riberas.
Vímonos en cierta noche,
y entre los dos se concierta
que, por excusar la sangre,
si se rompiese la guerra,
por mí saliese un soldado
y otro saliese por ella,
y que si venciese el mío
quedase mi afrenta cierta
y pudiese repudiarla.
Yo tuve tanta soberbia,
que salí secretamente
armado a la honrosa empresa,
sin fiarla de ninguno,
y aunque presumí que fuera
el primero en la estacada,
ya estaba un soldado en ella

armado de blancas armas,
en cuya celada apenas
daban lugar a la vista
las plumas blancas y negras.
Las cubiertas del caballo
negras sobre blanca tela,
sembradas de letras de oro
entre unas dagas y lenguas.
Las letras decían «Mentís»,
como que de su inocencia
daba la cubierta indicio,
pero era maldad cubierta.
Dimos vuelta a la estacada
y, nuestras mesuras hechas,
de la caja al ristre pasan
las lanzas, que al punto vuelan
descalabrando los aires
y dando los dos en tierra,
huyeron nuestros caballos
y la batalla comienza
a pie con blancas espadas.
Pero ni la mía, diestra,
ni mi robusta pujanza,
real pecho, heroicas fuerzas,
resistieron mi fortuna,
antes vine a dar, sin ellas,
a los pies de mi contrario,
en cuyo tiempo nos cercan
los nobles de los dos campos,
y cuando al de Cleves llegan
y le descubren la cara,
ven que es la misma duquesa.
Dan voces todos y dicen
que ha vencido la inocencia

y que yo estaba culpado.
¡Qué deshonra y qué vergüenza!
Fue tan grande la que tuve
de ver que una dama tierna,
que una mujer, que a las armas
no obliga naturaleza,
me venciese y derribase,
que, dando a Frisia la vuelta,
mandé, pena de la vida,
que nadie me hablase en ella.

Rosaberto   Ni yo, señor, seré tan atrevido
que os hable en la Duquesa eternamente,
y pésame que de ella fui nacido.
Que estuviese culpada o inocente...

Enrico   Rosabelo de Cleves ha venido.

(Sale Rosabelo.)

Rosaberto   A Cleves fui, mi señor, secretamente,
como mandaste.

Rey   Y ¿qué hay allí de nuevo?

Rosaberto   No me mandes hablar, que callar debo.

Rey   Habla, Roselo, yo te doy licencia.
¿Puede haber más afrenta?

Rosaberto   Sabe el cielo
que ni curiosidad ni diligencia
debes en esto a mi lealtad y celo.
La vulgar opinión, sin diferencia,

dice que la duquesa y Pinabelo,
hijo de Otón, enamorados viven,
y añaden que sus bodas aperciben.
　　Bien puede ser que testimonio sea
y que tus enemigos echen fama
que en esto su valor Elena emplea.

Rey

No digas más. ¡Oh, Elena! ¡Oh, incendio! ¡Oh, llama!

Aurelio

Señor, tu alteza no es razón que crea
la envidia vil que su virtud difama.

Rey

¡Oh, Aurelio, calla! Que mujer que ha errado
nunca el primero error solo ha dejado.
　　Pregona en Frisia luego que cualquiera
que la cabeza suya me trujere
le daré seis ciudades.

Aurelio

　　　　　　　　Considera...

Rey

¡Necio! ¿Qué quieres ya que considere?
¿Con tanto deshonor casarse espera?
¿Hay tal bajeza? A Pinabelo quiere.
¿No hay yerro? ¿No hay veneno? ¿Esto consiento?
Ya no merece honor ni sufrimiento.
　　Esto que digo les daré firmado
a propios y a extranjeros este día.
Elija seis ciudades en mi estado
quien restaurare la deshonor mía.

Enrico

　　Aurelio, al poderoso y enojado
no pienses que es valor ni cortesía
replicarle, que nunca el que es discreto
tiempla la ira en el primero efeto.

(Vanse todos y salen la Duquesa y Pinabelo.)

Pinabelo   Tiempla, señora, el desdén.

Elena   ¿Qué es desdén, villano, infame?
                  Desdén es bien que se llame
                  en los que se quieren bien.
                      Dime que tiemple la ira,
                  el enojo y el pesar.

Pinabelo   ¡Qué vicio en mujer es dar
                  crédito a cualquier mentira!

Elena   Yo sé que es mucha verdad
                  que por Cleves echas fama
                  que soy, villano, tu dama,
                  y con poca honestidad.
                      Esto a efeto de que viendo
                  que ya se empaña mi honor,
                  solicite tu favor
                  la voluntad que defiendo.

Pinabelo   Señora, de esta opinión
                  hablará el pueblo, que gusta,
                  como de cosa tan justa,
                  que me tengas afición.

Elena   ¿Cómo justa?

Pinabelo   Pues, ¿no fuera
                  que conmigo te casaras?
                  sangre soy. ¿Qué reparas?

Elena
Si sangre tuya tuviera,
    con una daga, villano,
despedazara mis venas,
de solo veneno llenas
de los agravios de Albano.
    ¿Cosa justa dices que es
casarme, vivo mi esposo,
aun siendo tan rencoroso?

Pinabelo
Perdona y dame esos pies,
    que me ciega el mucho amor.

Elena
Sal de Cleves desterrado
y no vuelvas a mi estado,
pena de infame y traidor.

Pinabelo
    ¡Señora!...

Elena
            No hay que pedir.

(Sale Otón.)

Otón
¿Qué es esto?

Pinabelo
        Si de tu tierra
esa crueldad me destierra,
¿para qué quiero vivir?

Otón
        Pinabelo, ¿qué ocasión
para desterrarte has dado?

Pinabelo
Haber su bien procurado
con sangre del corazón.
    Quéjase que el vulgo dice

que me quiere.

Otón   Y justo es.
Échate luego a sus pies
y lo que has dicho desdice.
    Pide perdón, que es razón,
aun de la fama vulgar,
que hay mil ofensas sin dar
el que las hace ocasión.

Pinabelo   Señora, a vuestra grandeza
pide perdón mi ignorancia.

Otón   Tú estás muy poca distancia
de cortarte la cabeza,
    y ojalá que me lo mande
su alteza a mí, que esta espada,
a su defensa enseñada,
no sufre ofensa tan grande.
    Señora, dadle perdón
por ignorante y por loco.

Elena   La furia que me provoco
vencen tus canas, Otón;
    por ellas le debo dar.
(Aparte.)   (Quiero, de tantos errores,
perdonar estos traidores,
que es mejor disimular.
    Bien conozco los enredos
y las lisonjas de Otón,
que no faltará ocasión
en cesando tantos miedos.)

Otón   Nuestra sangre te ha servido

desde su origen de suerte,
que te obliga a condolerte
de un loco amor atrevido,
    con palabra que jamás
te hablaré en él Pinabelo.

Elena

Vuestros años guarde el cielo,
padre, a quien estimo en más,
    que ya la ofensa olvidé.

(Sale Alberto.)

Alberto

¿Puédese aquesto sufrir?

Elena

¿Qué hay, Alberto?

Alberto

                    Si decir
se sufre, yo lo diré.

Elena

            Licencia tenéis.

Alberto

                    Albano
pregona públicamente
que a cualquier hombre que intente
poner atrevida mano
    en tu vida, que Dios guarde,
seis ciudades le dará.

Elena

Pues, ¿eso pena te da?

Alberto

Tu vida me hace cobarde.

Elena

        No creas que muera ansí
vida con corona de oro.

Alberto   La ambición pierde el decoro
                 al cetro, y harálo en ti.

Elena   Los reyes que no acobardan
                 a un traidor tan atrevido
                 mucho han de haber ofendido
                 los ángeles que los guardan.
                    ¿Tanto puede perseguirme
                 un hombre que quiero tanto?
                 Del odio del rey me espanto
                 contra una mujer tan firme.
                    ¿Querrá ponerme temor,
                 como es grande Rosaberto,
                 para venir a concierto?
                 mas ya sabe mi valor.
                    Los enemigos quisiera
                 de mi casa desterrar,
                 que yo me sabré guardar
                 de los que vienen de fuera.

(Vase.)

Otón   Alberto, de esta arrogancia
                 no nos resulta provecho,
                 que aunque del dicho hasta el hecho
                 suele haber tanta distancia,
                    tenemos en mil historias
                 griegas, troyanas, romanas,
                 mil ambiciones tiranas,
                 que hoy viven por sus memorias.
                    Fuera de que esto ha tocado
                 las honras de la nobleza
                 de Cleves.

Alberto   Si su cabeza
                 ha puesto en este cuidado,
                   téngale el rey de la suya
                 y pregónese otro tanto,
                 para que le cause espanto
                 y nuestro valor arguya.

Pinabelo   A quien las cabezas diere
                 de padre y hijo podréis
                 dar seis ciudades, pues seis
                 dar promete al que trajere
                   la de Elena, que aborrece.

Alberto   Así se hará pregonar.

Otón   Con este nuevo pesar
                 gallarda ocasión lo ofrece
                   el tiempo a tu pretensión.

Pinabelo   ¡Ay, padre; que no es mujer!

Otón   Esta discordia ha de ser
                 de tu ventura ocasión.

Pinabelo   Elena era mi abismo;
                 ya como Troya me quema,
                 que como quiere por tema,
                 aborrece por lo mismo.

(Salen Siralbo y Celia, villanos, y los músicos. Canten.)

Músicos   «Estad muy alegre,
                 dichosa y bella novia

en tanto que coméis
los picos de la rosca.
Huya toda tristeza
de vuestro rostro agora,
que aún agora no es tiempo
para que estéis celosa.
Poneos vuestras galas,
que hacéis mis envidiosas,
en tanto que coméis
los picos de la rosca.»

Celia   Cuando Perol, Siralbo,
de esta montaña sola
a la Corte se iba
por verme tuya toda,
me dijo con sus celos
sacudiendo la cola,
aunque se despejaba
como rocín con mosca:
«Ríe, Celia, que aún comes
las roscas de la boda.»
Y esto que agora escucho
parece que conforma
con aquellas palabras
venganzas amorosas.
¿Qué tiene el casamiento,
que a tantos alborota?
¿Qué mares se navegan
de nunca vistas olas?
¿Qué volcanes se pasan
que piedra azufre arrojan?
¿Qué desiertas Arabias?
¿Qué Libias arenosas?
¿A qué plaza se sale?

¿A qué toro se corta
con ancha espada el cuello?
¿Qué difuntos se topan
en las encrucijadas
de las calles angostas?
¿No es el casarse estar,
Siralbo, dos personas
comiendo en una mesa
y cenando a sus horas?
¿No es el estar de noche
cubiertos con la ropa
en una misma cama
de un cobertor y colcha?
Pues, bien, ¿qué os acobarda?

Siralbo   Hay, Celia, muchas cosas;
mas ninguna contigo,
que esto se entiende en otras.
Yo sé de cierta tierra
que cuando se desposa
un hombre clamorean
y por muerto le lloran;
que puesto que el peligro
no es más, ioh, Celia hermosa!,
que dos matrimoniarse,
algunos se endemonian.
Santa vida hacen muchos
a quien la dicha sobra,
que gracia en los casados
allá resulta en gloria.
Pero verás algunos
que no hay turca mazmorra
que más cautiva tengan
la libertad que gozan,

y más si toca en celos
con su puntilla en honra,
ningún forzado rema
que tenga más congojas.

Celia

No se dirá, Siralbo,
por dos que así se adoran,
aunque ajenas cabezas
hacen temblar las propias.
Cuando en nuestra duquesa
contemplo la discordia
que con su esposo tiene
la color se me roba.
¿No veis lo que se dice?
¿No veis lo que pregonan
a quien la diere muerte?

Siralbo

Alguna furia loca
ha entrado en estos reinos.

Celia

¡Qué tantos años rompa
la paz de estos casados!

Siralbo

La Fortuna piadosa
nos libre de esta envidia.

Músicos

¿Cantaremos agora?

Celia

Cantad, si os agradare.
¡Qué en tal temor me ponga
el día de mis dichas!

Músicos

Pues escucha y perdona.

(Canten.)   «Estad muy alegre,
                dichosa y bella novia,
                en tanto que coméis
                los picos de la rosca.»

(Entren Clenardo y Panfilo, caballeros, de camino, y Perol, de lacayo.)

Perol   Parar podéis en esta hermosa aldea,
                siquiera porque yo nací en su monte.

Panfilo   No hay otra que mayor ni mejor sea
                en todo aqueste fértil horizonte.

Perol   Entrad en esa casa que hermosea
                tanto verde laurel.

Clenardo   Pánfilo, ponte
                a descansar un poco, que conviene
                que duerma poco quien cuidados tiene.

Panfilo   Apenas estará de las distancias
                o puntos en que nace y muere el día
                la noche en medio, llena de arrogancias,
                cubriendo el Sol con su tiniebla fría,
                cuando de aquestas rústicas estancias
                salga, pues llevo para el monte guía,
                a ejecutar, Clenardo, mi deseo.

Clenardo   Camina, pues.

Perol   ¡Ay, Dios! Mi muerte veo.
                ¿Ésta es aquella fiera hermosa y bella
                por quien desde pastor a cortesano
                me pasaron sus bodas? Iré a vella.

112

Siralbo   ¿Quién es el que desciende al verde llano?

Celia   Perol no es éste?

Siralbo   Sí.

Perol   Mi buena estrella
              hoy a mi diligencia dio la mano
              para que en este monte, prado y selva,
              de la Corte, en que estoy, a veros vuelva.

Celia   ¿Adónde vas tan perdido,
              después que de tu ganado
              te alejaste a ser soldado,
              con ese loco vestido?
                  ¿Quién son esos cortesanos
              con quien por el monte vas?

Perol   Tal voy, que no pienso más
              volver a tratar villanos.
                  En la corte vivo bien,
              Celia, pues que te has casado
              con Siralbo, que es honrado
              y lo merece tan bien.
                  Verdad es, y Dios lo sabe
              que no me agrada el servir;
              pero tengo de sufrir
              cuanto en sufrimiento cabe.
                  Demás que voy con dos amos,
              Celia, en aquesta ocasión,
              ya los viste, aquéllos son,
              que entre aquellos verdes ramos
                  bajaron a vuestra aldea,

que me han de hacer duque o conde.

Celia   De ese peligro te esconde,
guarda que tu muerte sea.
 De títulos agua arriba
no tengas, Perol, cuidado,
que es caballo desbocado,
que a quien levanta derriba.
 Mira que lo vas agora.

Perol   Oye aparte.

Celia   ¿Qué me quieres?

Perol   ¡Demonios sois las mujeres!
¡No sé qué espíritu mora
 dentro de vuestro caletre!
¿Quién te ha dicho que mis amos
y yo a matar al rey vamos!

Celia   ¿No quieres que lo penetre
 de verte en aquese traje,
lacayo injerto en rufián?
Pero dime, ¿que éstos van
a matarle?

Perol   Yo soy paje,
 digo, gentilhombre soy,
despensero o mayordomo,
que no sé qué oficio tomo,
pero con ellos estoy.
 Van con notable secreto;
mas, por más que se han guardado,
yo sé que llevan tratado

de darle muerte, en efeto.
　A no lo decir te esfuerza.
Eres mujer; no podrás,
que lo que os encargan más
eso decís con más fuerza.
　Que si ganan, como creo,
las seis ciudades aquí,
la que fuere para mí
en tu persona la empleo.

Celia   Id con Dios, que si volvieres,
donde sabes me hallarás.

Perol   Si callas, Celia, serás
nuevo ejemplo de mujeres.

(Vase.)

Siralbo   ¿Fuese Perol?

Celia   ¿No lo ves?

Siralbo   ¿Tan deprisa?

Celia   Hay cierto efeto.

Siralbo   ¿Cómo?

Celia   Encargóme el secreto.

Siralbo   Tú me lo dirás después.

Celia   Y aun agora.

Siralbo   ¿De qué modo?

Celia   Los que viene acompañando
                   van a matar al rey.

Siralbo   ¿Cuándo?

Celia   Pudiendo.

Siralbo   ¡Locura es todo!
                      Pero ¡qué bien has guardado
                   el secreto!

Celia   Si a él le importa
                   y en hablar no se reporta,
                   él mismo ejemplo me ha dado.
                      ¿Por qué piensas que es la lengua
                   tan fácil en atreverse
                   y tan ligera en moverse
                   para nuestro daño y mengua?

Siralbo   ¿Por qué?

Celia   Porque en agua está
                   y en la saliva resbala.
                   La cabeza es menos mala
                   y el pie más pesado va;
                      la mano tarda en moverse,
                   porque, en fin, sin agua están;
                   lengua y ojos mal podrán
                   de hablar y ver detenerse,
                      porque en ella están fundados.
                   Vamos, Siralbo, a la fuente
                   y de Perol, que es valiente,

no te maten los cuidados.

Siralbo   ¡Qué lástima!

Celia   ¡Qué suceso!

Siralbo   Vamos, y al cielo pluguiera
que tan seca os hiciera
de lengua como de seso.

(Vanse y salen el Rey y su hijo Rosaberto, de caza, y Aurelio, Enrico, y Roselo.)

Rey   Suele imitar tan al justo,
hio, la caza a la guerra,
que quiero que es esta sierra
sea tu ejercicio y gusto.
Aquí te harás tan robusto
como conviene a soldado;
aquí sabrás a mi lado
el oso esperar, y aquí
perseguir el jabalí
y herir el veloz venado.
    Mira estos campos que están
de tantas plantas vestidos,
que estos arroyos lucidos
cortos espejos les dan.
Mira qué alegres que van,
qué sonoros y qué iguales.
Si al campo con gusto sales
excusarás muchos vicios,
que no hay tales ejercicios
para los pechos reales.
    Tal vez de correr cansado
dormirás del agua al son,

haciéndote pabellón
los altos olmos del prado.
Tal vez de un arroyo helado
sabrás beber el cristal
sin aparato real,
porque en su ribera fresca
se aprende la soldadesca
como en el campo marcial.
   Tal vez con la propia mano
alcanzarás, diligente,
la fruta al ramo pendiente
cuando declina el verano.
Allá serás cortesano
y aquí soldado serás.
Con la virtud vencerás
con juveniles engaños,
que la experiencia y los años
te enseñarán lo demás.

Rosaberto   Con tu ejemplo, que, en fin, es
de un príncipe tan ilustre,
daré a mis rudezas lustre;
seré tu fénix después.
Beso mil veces tus pies
por el consejo y favor.

Rey   Esto me enseña tu amor,
y si es lección que te agrada,
a tu memoria traslada
estos pensamientos míos
hasta que con otros bríos
desnudes la blanda espada.

Aurelio   Cuando quieras descansar

está todo prevenido.

Rey

Para que cese el ruido
haced la gente apartar.

Enrico

   Bajan de aqueste pinar
rudos villanos a veros.

Rey

Cazadores y monteros
prevenid para la tarde.

Roselo

Ya de su vistoso alarde
tiemblan los ciervos ligeros.

(Sale Perol.)

Perol

   En hábito de villanos
mis amos vienen aquí
para ejecutar ansí
locos pensamientos vanos.
   Dijéronme que acechase
cuándo descansaba el rey.
¡Oh, Codicia! ¿Dónde hay ley
que tu rigor no trapase?
   Quieren llegar a ocasión
que esté sin gente.

Aurelio

         ¿Quién va?

Perol

¿No lo ven?

Aurelio

        Haceos allá.

Perol

Oiga, hablando con perdón.

Aurelio	¿Qué queréis?

Perol		Al rey le diga
que quiere hablarle...

Aurelio		¿Quien?

Perol			Yo.

Aurelio	¿Vos?

Perol		¿No tengo lengua?

Aurelio			No.

Perol	A enseñársela me obliga.

Rey		¿Qué es eso?

Perol			¿No se le acuerda
a su esquelencia de mí?

Rey	¿De vos? Pues, ¿adónde os vi?

Perol	¡Que así la memoria pierda
	y esté de sí tan ajeno!
Cuando de Cleves huía,
¿un labrador no le dio
un rocín tuerto, muy bueno,
	que tragaba lindamente
las leguas y la cebada?

Rey	Aurelio, aquella jornada

importó el ser diligente.

Aurelio   No se me olvida, señor,
del peligro que tuvimos,
pues sin caballos nos vimos.

Rey   Debo a este buen labrador
    poco menos que la vida.
Mas, ¿cómo vivís aquí?

Perol   Retira, señor, de ti,
pues mi amor no se te olvida,
    toda esta gente y sabrás
a lo que vengo.

Rey   Conmigo
te aparta.

Perol   ¿Estoy bien?

Rey   Sí, amigo.

Perol   ¿Puédote hablar?

Rey   Bien podrás.

Perol   De los montes de mi aldea
desesperado salí,
¡oh, muy magnífico rey,
que alumbre Dios sin parir!,
por celos de una villana,
cuyo zapato gentil
pudiera dar quince y falta
al más gallardo chapín.

Casóseme por su gusto
con un pastor albañil.
¡De mal andamio de torre
vuele, sin ser serafín!
Yo, como otros mil perdidos,
vine a la Corte a servir
o aprender algún oficio
de muchos que en ella vi.
Primeramente, señor,
para aprender a morir,
serví un cierto pretendiente
a costa de su rocín.
Tuve algunos refregones
con la gualdrapa, y perdí
los estribos y los meses
que hay desde noviembre a abril.
De la ceniza en las brasas
salté, señor, porque di
entre un hombre y una mula,
mula que hablaba latín.
Dejélos por sagitarios,
y fui a servir desde allí
a un discreto, que es oficio
como sastre o menestril.
Este hablaba de tal suerte,
que una mañana la vi,
caídas las dos quijadas
y estas palabras decir:
«¡Oh, si de diamante fuera
la lengua con que nací,
pues que Dios hizo de bronce
a quien me pudo sufrir!»
Dejéle muerto, de hablar
harto no; Troya fue aquí,

porque di con un poeta
toda de plata y marfil,
todo de perlas y de oro;
pero pienso que comí
cercendaduras de versos
desde San Blas a San Gil.
Al fin, como de su trato
tanta soberbia aprendí,
pasé a servir gente ilustre;
dos caballeros serví.
Estos, oyendo que daban
de las riberas del Rin
las mejores seis ciudades
que Cleves encierra en sí
al que diese las cabezas
de vos y vuestro delfín,
determinaron ser ellos,
y vienen a ver si aquí
pueden a traición mataros
en traje villano y vil,
porque en diciendo que os llevan
a enseñar un jabalí,
piensan de ocultas pistolas
dar la rueda al polvorín.
Yo, que he visto a la duquesa,
cuyo pobre huésped fui,
llorar por este pregón
que no fue su gusto, en fin,
tuve a dicha el avisaros,
por ella, por vos, por mí,
por que, a pesar de traidores,
viváis desde un siglo a mil.

Rey   Hay cosa semejante?

Perol

                  De esta traza
se quiere aprovechar su atrevimiento.

Rey

¡Buen lance hubiera echado en esta caza!
  ¿Son éstos?

Perol

             Sí, señor.

Rey

                   Huye al momento.

(Salen Clenardo y Panfilo, vestidos de labradores.)

Perol

Aquí me escondo.

Clenardo

           Dile cómo has visto
estar comiendo el rústico sustento
  de este encinar al jabalí, Doristo.

Panfilo

¡Pardiez, que ha de matarle su excelencia!

Rey (Aparte.)

¿Qué es esto, amigos? (¡El furor resisto!)

Clenardo

Ven solo, gran señor, con advertencia
de que se irá, sintiendo alguna gente,
un jabalí que espanta su presencia;
  que solo con tu hijo en esta fuente
le matarás al paso.

Rey (Aparte.)

           (Así lo creo,
a estar de vuestras armas inocente;
  mas no ejecutaréis vuestro deseo.)
¿Aurelio?

Aurelio   ¿Gran señor?

Rey   Prende a estos hombres.
                 Perdido habéis en esto loco empleo.

Clenardo   Pues ¿hay por qué de un jabalí te asombres?

Rey   Miradlos bien.

Enrico   Pistolas son aquéstas.

Rey   Ya sé vuestra traición y vuestros nombres.

Roselo   ¿Quisiéronte matar?

Rey   Las bocas de éstas
                 lo dijeran mejor si las piedades
                 del cielo no nos fueran manifiestas.

Aurelio   Pasaréles el pecho.

Clenardo   Las ciudades
                 de Cleves como en Frisia prometidas
                 despiertan contra ti las voluntades.
                     Éstas, señor, se atreven a las vidas
                 del príncipe y de ti.

Panfilo   Las nuestras eran
                 las que vinieron hasta aquí vendidas.

Aurelio   Mira, señor, que los demás se alteran.

Rey   Óyeme, Aurelio, atento. Si las cosas
                 de la duquesa bien se consideran,

no presumo que son tan sospechosas,
pues quien de estos traidores me dio aviso
muestra que sus entrañas son piadosas.
   Secretamente, Aurelio, y de improviso
de estos dos hombres las cabezas corta,
de quien librar mi vida el cielo quiso,
   y dame las cabezas, que me importa
hacer de mis sospechas una prueba.

Aurelio   Mucho el castigo tu grandeza acorta.

Rey   Tras esto, con los dos llevaréis nueva
que al príncipe y a mí nos dieron muerte,
y de estos hombres los dos cuerpos lleva
   con nuestras ropas mismas, de tal suerte,
que se crea que son nuestras personas.
Solo a estos dos de que el engaño advierte
   dirás que por lo mismo que pregonas
a Cleves llevan ya nuestras cabezas.

Aurelio   Su amor con triste llanto galardonas.

Rey   Presto verán el fin de sus tristezas.

Aurelio   ¡Traed a esos traidores!

Roselo   ¿Dónde vamos?

Aurelio   Detrás de aquestas ásperas malezas.

Clenardo   Vendidos fuimos.

Panfilo   La ocasión erramos.

(Sale Perol.)

Perol   Salir quise, señor, a que me vieran.
          Todo lo vi desde estos verdes ramos.

Rosaberto   ¿Qué pretendes hacer luego que mueran?

Rey   Partir contigo a Cleves, disfrazado;
        que no es bien que estas cosas se difieran.
          Ni se ha casado Elena ni mudado.
        Tú eres su hijo; yo he de ver mi muerte
        o quedar de mi honor desengañado.

Rosaberto   Besar quiero tus pies.

Perol   A mí me advierte
        lo que tengo de hacer.

Rey   Esas cabezas
        de quien Aurelio ya la sangre vierte
               traes ocultas.

Perol   Altamente empiezas
        a procurar tu justo desengaño.

Rey   Cansado vivo ya de mis tristezas.
        O se acabe la vida o el engaño.

(Vanse y sale la Duquesa y Otavia.)

Elena   En esta resolución
        tengo, Otavia, el pensamiento.

Otavia   Cosas de tu ingenio son.

Elena
¿Hay más triste casamiento?
¿Hay más bárbara afición?
   Que algún hombre con desdén
trate a quien le quiere bien,
puede haber causas o engaños.
¡Pero que a mí tantos años
este galardón me den!

Otavia
   Tenéis tan malos terceros
en Pinabelo y Otón,
que es imposible poneros
en paz.

Elena
            Los dos polos son
de todos mis males fieros.
   No dudes; culpa he tenido
en que no los hayan muerto.
Piedad de mujer ha sido.
¡Yo a mi hijo Rosaberto!
¡Yo matar a mi marido!
   ¡Loca estoy de este pregón!

Otavia
Con esto se ha echado el sello
a tu discordia y pasión.

Elena
Si he sido culpada en ello,
yo muera, Otavia, a traición.
   ¡Ay, gobierno de mujer,
errado cuando acertado;
pues aunque sobre el poder,
en no viendo espada al lado
se afrentan de obedecer!
   Ni puedo admitir marido,

ni hacer que me teman puedo.
Cuando el que ha de ser temido
llega, Otavia, a tener miedo
el gobierno va perdido.
    Morir quiero, y no vivir
entre Otón y Pinabelo.
Al rey tengo de escribir
que venga a matarme. ¡Ay, cielo!
¡Qué mayor bien que morir!

Otavia   Mira que es eso locura.
Tu daño, señora, advierte.

Elena   ¡En los males que no hay cura
dichoso el que con la muerte
descansa en la sepultura!

(Salen Otón, Pinabelo y Leonido.)

Leonido   Dicen que nos has llamado
porque estás con mucha pena.
¿Qué tienes? ¿Qué te han contado?

Elena   ¡Perros! ¡Por vida de Elena,
que os he de dar dueño honrado!
    Vasallos habéis de ser
de Frisia. Yo haré venir
al rey, que os haga temer.
Hoy le tengo de escribir
que os enseñe a obedecer.
    Su hijo en vuestro señor;
ponga gobierno en su estado;
máteme y cobre su honor,
que aunque no se le he quitado,

ya lo tengo por mejor.
    ¿Quién fue el infame que ha hecho
con este pregón de agora
nueva desgracia en su pecho?

Otón   Advierte, heroica señora,
que procuran tu provecho.

Elena   Que no hay provecho, villanos.

Pinabelo   ¿No hay de procurar tu vida?

Elena   ¿Qué vida, si sois tiranos?
Hoy estoy aborrecida.
Mi vida pongo en sus manos.
    De todos he de vengarme
con morir.

Pinabelo   ¡Bravo rigor!

Elena   ¡Albano venga a matarme!

Leonido   ¡Qué raro ejemplo de amor!

(Sale Alberto.)

Alberto   Albricias pudieras darme,
    si yo no te conociera,
de la nueva que ha venido
y menos sangrienta fuera.

Elena   ¿Cómo?

Alberto   Ya es muerto el que ha sido...

Elena   ¡No prosigas! ¡Tente! ¡Espera!
                  ¿Es el rey?

Alberto   Dos caballeros
               tudescos en una caza
               le han muerto.

Elena   ¡Oh, tiranos fieros!

Alberto   Dióles un monte la traza
               y el hábito dos monteros,
                  que dicen que estando a solas
               le tiraron dos pistolas.

Elena   ¿Es cierto?

Alberto   Sin duda es cierto.
               Y a tu hijo Rosaberto.

Elena   ¡Calla, que cubren las olas
                  del mar de tanto dolor
               el alma, que ya se anega!

Otón (Aparte.)   (¡Brava nueva!)

Pinabelo (Aparte.)   (¡Qué mejor!)

Leonido   Ya con las cabezas llega.

(Sale Perol, de tudesco gracioso, con una caja, y el Rey y Pinabelo, su hijo, de
tudescos, con calzas, muy galanes, y muchas plumas.)

Perol   Llega, y no tengas temor.

Rey
     Dame, señora, tus pies;
pues más por vengar tu agravio
que por promesa hemos hecho
hazaña que importa tanto
a tu vida, a tu sosiego,
a tus nobles, a tu estado
y al bien común de dos reinos.

Rosaberto
Aquí en esta caja traigo
las degolladas cabezas
de Rosaberto y Albano.
Agora casarte puedes
y dar para siglos largos
herederos de tu sangre
a tu estado y tus vasallos.

Elena
¡Calla, infame, que ni he sido
quien esa sentencia ha dado,
ni en mi vida tuve intento
de solicitar su daño!
¡Ya es muerto el rey, mi señor!
El sentimiento que hago
no es por temor ni lisonjas,
mas porque, aun muerto, le amo!
Estos traidores han sido
los que este pregón han dado.
Yo me mataré tras él.
Suelta de ese infame lado
la espada, porque una misma
nos quite la vida a entrambos.

Rey
¡Tente, señora! ¡Qué es esto?
Pésame de haberte dado

este dolor.

Elena

Tú me has muerto
y los que me estáis mirando.

Otón

¡Ya no se puede sufrir,
Elena, tu pecho ingrato!
Tu hijo y el rey son muertos.
Trata de tomar estado,
o buscaremos señor.

Elena

¿Eso me dices, villano?

Otón

Pues habiendo el rey de Frisia
tan mal de tu honor tratado,
que hasta agora sin él vives,
siendo testimonio claro,
¿es justo que por él llores?

Rey

Paso, almirante Otón, paso,
que el rey no le levantó
ese testimonio cuando
le llevaste a la duquesa,
y tuyo fue el falso trato;
que tú le dijiste al rey
su ofensa y que en su palacio
el hombre le enseñarías.

Otón

¿Yo?

Rey

¡Tú!

Otón

¿Quién te lo ha contado?

Rey   ¿El rey!

Otón   Con testigos muertos,
                     mala probanza.

Rey   Yo hago
                     más fe que el rey.

Otón   Pues, tú mientes.

Rey   ¡Toma!

(En dándole un bofetón, se pongan con las espadas el Rey y Rosaberto, el
príncipe, Otón y Pinabelo y la Duquesa en medio.)

Elena   ¿Hay caso más extraño?

Otón   ¡En mi cara! ¡Pinabelo!

Pinabelo   ¿Señor? Aquí estoy. ¡Matadlo!

Elena   Teneos.

Rey   Yo soy el rey,
                     y éste es mi hijo, villanos.
                     A mí ninguno me ha muerto,
                     duquesa, y si tantos años
                     en tal discordia he vivido,
                     ese infame lo ha causado.
                     Él me dijo que ofendías
                     mi honor. Yo, con el agravio,
                     entrélo a ver, y salieron
                     su hijo y su gente al paso.
                     Salí huyendo, y he vivido,

hasta que he sido avisado
de tu justo sentimiento,
la venganza procurando,
y he tenido por mejor,
reina, ponerme en tus manos,
que vivir entre sospechas.

Elena   ¡Dame, gran señor, los brazos,
o esos pies, que es más razón!

Rey   ¡Tu hijo abraza!

Elena   Este llanto
te dice lo que no puedo.

Rosaberto   Mis ojos te la han pagado.

Perol   ¿Quién ha de pagar el porte
de estas cabezas?

Elena   ¡Criados!
Las de Otón y Pinabelo
con esas dos haced cuatro.

Otón   ¡Señora!

Elena   ¡Llevadlos luego!

Pinabelo   ¡Más merecemos!

Elena   ¡Llevadlos!

Perol   ¿No conoces a Perol,
el que en el monte cazando

toda la noche tenía
de las traíllas los galgos?
Pues yo fui el que al rey le di
el rocín tuerto pasando
por mi cabaña una noche.

Elena   Alcaide, Perol, te hago
de las dos torres de Cleves.

Rey   Yo le doy seis mis ducados
de renta.

Rosaberto   Yo le hago noble.

Perol   A todos beso las manos.
¿Qué armas he de poner?

Rosaberto   Escoge.

Perol   En el primer cuarto
tres cantimploras de vino;
en el segundo, un pedazo
de una nalga de tocino,
y en el tercero un gazapo;
en el cuarto, medio queso,
porque acabe con aplauso,
en la cama o en la mesa,
la discordia en los casados.

Fin de la comedia

Libros a la carta

A la carta es un servicio especializado para
empresas,
librerías,
bibliotecas,
editoriales
y centros de enseñanza;
y permite confeccionar libros que, por su formato y concepción, sirven a los
propósitos más específicos de estas instituciones.

Las empresas nos encargan ediciones personalizadas para marketing editorial
o para regalos institucionales. Y los interesados solicitan, a título personal,
ediciones antiguas, o no disponibles en el mercado; y las acompañan con
notas y comentarios críticos.

Las ediciones tienen como apoyo un libro de estilo con todo tipo de referen-
cias sobre los criterios de tratamiento tipográfico aplicados a nuestros libros
que puede ser consultado en Linkgua-ediciones.com.

Linkgua edita por encargo diferentes versiones de una misma obra con distin-
tos tratamientos ortotipográficos (actualizaciones de carácter divulgativo de
un clásico, o versiones estrictamente fieles a la edición original de referencia).
Este servicio de ediciones a la carta le permitirá, si usted se dedica a la enseñanza, tener una forma de hacer pública su interpretación de un texto y, sobre
una versión digitalizada «base», usted podrá introducir interpretaciones del
texto fuente. Es un tópico que los profesores denuncien en clase los desma-
nes de una edición, o vayan comentando errores de interpretación de un texto
y esta es una solución útil a esa necesidad del mundo académico.

Asimismo publicamos de manera sistemática, en un mismo catálogo, tesis
doctorales y actas de congresos académicos, que son distribuidas a través
de nuestra Web.

El servicio de «libros a la carta» funciona de dos formas.

1. Tenemos un fondo de libros digitalizados que usted puede personalizar en
tiradas de al menos cinco ejemplares. Estas personalizaciones pueden ser de
todo tipo: añadir notas de clase para uso de un grupo de estudiantes, introducir logos corporativos para uso con fines de marketing empresarial, etc. etc.

2. Buscamos libros descatalogados de otras editoriales y los reeditamos en tiradas cortas a petición de un cliente.